数字经济发展的法律保障机制研究

马骊 赵倩倩 著

经济日报出版社
北京

图书在版编目（CIP）数据

数字经济发展的法律保障机制研究 / 马骊, 赵倩倩著. -- 北京：经济日报出版社, 2024.8. -- ISBN 978-7-5196-1497-3

Ⅰ. D922.290.4

中国国家版本馆CIP数据核字第202492VA15号

数字经济发展的法律保障机制研究
SHUZI JINGJI FAZHAN DE FALV BAOZHANG JIZHI YANJIU

马骊　赵倩倩　著

出　　版：	经济日报出版社
地　　址：	北京市西城区白纸坊东街2号院6号楼710（邮编100054）
经　　销：	全国新华书店
印　　刷：	北京建宏印刷有限公司
开　　本：	710mm×1000mm　1/16
印　　张：	11
字　　数：	156千字
版　　次：	2024年8月第1版
印　　次：	2024年8月第1次
定　　价：	59.00元

本社网址：www.edpbook.com.cn，微信公众号：经济日报出版社
未经许可，不得以任何方式复制或抄袭本书的部分或全部内容，**版权所有，侵权必究**。
本社法律顾问：北京天驰君泰律师事务所，张杰律师举报信箱：zhangjie@tiantailaw.com
举报电话：010-63567684
本书如有印装质量问题，请与本社总编室联系，联系电话：010-63567684

作者简介 AUTHOR

马骊（1970.03— ），女，汉族，河南省许昌市人，西南政法大学法律硕士，河南开放大学讲师。在《吉林省教育学院学报》《广西政法管理干部学院学报》等杂志上发表学术论文十余篇。参编教材《法律基础与实务教程》，参与完成河南省政府决策研究招标课题《河南省食品安全保障体系研究》、河南省软科学研究计划项目《养老地产开发中的法律风险防范研究》，主持的河南省社科联、河南省经团联调研课题《河南推进以审判为中心的诉讼制度改革的制度瓶颈与突破》获河南省社科联二等奖。

赵倩倩（1988.04— ），女，汉族，河南省开封市兰考县人，法学研究生，河南开放大学教务处教学运行科科长。取得"法律职业资格证"A证、"律师执业证"，双师型教师，长期致力于教育教学改革研究工作，主持建设的课程《经济法》于2021年立项河南省精品在线开放课程。参与各级教学技能竞赛并多次获奖，曾获2017年"郑州信息科技职业学院教学技能大赛一等奖"，2020年"河南省教育系统教学技能竞赛二等奖"，2021年"国家开放大学课程思政说课大赛二等奖"，2022年"河南省第二十六届信息化大赛一等奖"。积极开展专业教学研究，近年来发表学术论文十余篇，参编教材3部，主持省级课题1项、厅级课题多项。

前 言
PREFACE

  数字经济，作为新时代经济发展的重要引擎，正日益展现出其强大的生命力和广阔的发展前景。简而言之，数字经济是以数字化的知识和信息为关键生产要素，以数字技术创新为核心驱动力，以现代信息网络为重要载体，通过数字技术与实体经济深度融合，不断地提高传统产业数字化和智能化水平，加速重构经济发展与政府治理模式的新型经济形态。其核心要素包括数据资源、数字技术、数字基础设施以及适应数字经济发展的政策和环境。在数字经济中，数据成为新的生产要素，数字技术成为推动经济发展的新动力，数字基础设施成为支撑经济发展的新平台，而适应数字经济发展的政策和环境则为数字经济的健康发展提供了有力保障。随着全球信息化的深入发展，数字经济已经成为推动世界经济增长的主要动力，对于促进经济转型升级和提升国际竞争力等方面都具有重要意义。

  在当今世界，数字经济的重要性越发凸显，它不仅引领着新一轮科技革命和产业变革，更在推动全球经济增长和促进社会进步等方面发挥着不可替代的作用。数字经济已经成为全球经济增长的新动力。随着数字技术的不断创新和应用，数字经济正在带动传统产业转型升级，催生新兴业态，为全球经济增长提供新的源泉。在数字经济时代，谁掌握了数字技术，谁就掌握了发展的主动权。因此，大力发展数字经济，对于提升国家在全球经济体系中的地位和影响力至关重要。通过数字技术提升公共服务水平,可以更好地满足人民群众的需求,提高生活质量。

  当然,数字经济是新兴的经济形式,在其蓬勃发展的同时,还需要在经济环境、经济政策和经济制度等方面完善相关经济法律来为其规范发展保驾护航。基于此,本专著在数字经济发展的法律保障机制研究等方面进行了深入研究。

目 录
CONTENTS

第一章　数字经济发展概述 ·······001
　第一节　数字经济发展的意义 ·······001
　第二节　数字经济发展的优势 ·······009
　第三节　数字经济对创新发展的重要性 ·······015

第二章　数字经济发展数据要素与其他要素的协同联动机制 ·······022
　第一节　基础层：数字产业化 ·······022
　第二节　支撑层：产业数字化 ·······029
　第三节　整合层：全要素数字化 ·······032

第三章　数字经济发展的政府治理 ·······039
　第一节　政府数字化转型的背景和现状 ·······039
　第二节　数字经济发展的智慧政务 ·······045
　第三节　数据治理中的若干法律问题 ·······057
　第四节　数字经济发展的治理创新 ·······065

第四章　数字经济发展的法律治理体系 ·······078
　第一节　数字经济治理的缘由 ·······078
　第二节　数字经济国际规则制定 ·······087
　第三节　数字经济相关法律法规 ·······095
　第四节　数字经济时代的伦理道德 ·······102

第五章　数字经济发展的法律保障机制 ……………………109
　　第一节　"一带一路"背景下数字经济发展的法律保障机制 ……109
　　第二节　数字经济发展的法律监管及其完善路径 ……………119
　　第三节　数字经济发展的安全风险防控机制建设路径 ………127
第六章　数字经济发展中数字版权管理的法律保障机制 ………135
　　第一节　数字版权管理的基本范畴 ……………………………135
　　第二节　数字版权管理法律保障机制的理论分析 ……………144
　　第三节　数字版权管理法律保障机制的国际实践 ……………151
　　第四节　数字版权管理法律保障机制的完善建议 ……………156
参考文献 …………………………………………………………166

第一章 数字经济发展概述

第一节 数字经济发展的意义

一、数字经济的推动因素

（一）技术进步与创新

技术进步与创新是推动数字经济发展的核心动力，其在引领产业变革、优化资源配置、提高生产效率等方面发挥着至关重要的作用。随着大数据、云计算、人工智能、物联网等新一代信息技术的不断突破和应用，数字经济得以迅猛发展，成为推动全球经济增长的主要引擎。

技术进步与创新为数字经济提供了强大的基础设施支持。从云计算和边缘计算的普及，到5G、6G等通信技术的飞速发展，再到区块链技术的日益成熟，这些先进技术的融合应用为数字经济提供了前所未有的可能性。它们不仅极大地提升了数据处理和传输的速度与效率，还使得各种创新应用和服务能够迅速部署和灵活扩展，从而推动了数字经济的快速增长。

随着数字技术的不断渗透和应用，传统产业与数字经济的融合趋势日益明显。例如，智能制造、智慧金融、智慧医疗等领域的兴起，都是技术进步与创新的产物。这些新兴业态不仅优化了资源配置，提高了生产效率，还为经济发展注入了新的活力。[①]

技术进步与创新为数字经济提供了强大的创新能力支持，通过人工智能技术、机器学习算法等的应用，企业可以更加精准地把握市场需

[①] 李瑞. 数字经济建设与发展研究[M]. 北京：中国原子能出版传媒有限公司，2022.

求,实现个性化定制和精准营销。同时,这些先进技术还可以帮助企业优化生产流程、降低成本、提高产品质量和服务水平,从而增强企业的竞争力。

技术进步与创新还为数字经济提供了强大的安全保障。随着数字经济的快速发展,数据安全和隐私保护问题也日益突出。加密技术、身份认证、访问控制等手段的应用,可以有效保障数据安全和隐私保护,为数字经济的健康发展提供有力保障。

(二)全球化与市场需求

全球化作为当今世界经济的重要特征,为数字经济的发展提供了广阔的市场空间和无限的发展机遇。随着全球市场的不断拓展和消费者行为的深刻变化,数字经济正逐渐成为连接全球、促进贸易、推动创新的重要力量。

全球化加速了资源的流动和信息的传播,使得数字经济能够跨越国界,实现全球范围内的资源配置和市场拓展。数字技术的普及和应用,使得产品和服务能够快速到达全球消费者手中,满足多样化的市场需求。同时,全球化也推动了消费者行为的深刻变化,消费者对于个性化、定制化、智能化的产品和服务的需求日益增长,这也为数字经济提供了巨大的市场潜力。市场需求是数字经济发展的另一重要推动力,人们生活水平的提高和消费观念的转变,对于高质量、高效率、高体验的产品和服务需求不断增加。数字经济通过数字技术的创新应用,能够满足消费者对于个性化、便捷化、智能化产品服务的需求,提升消费者体验,从而赢得市场份额。

(三)政策与法规支持

政府通过制定和实施一系列有利于数字经济发展的政策和法规,为数字经济的健康发展提供了有力保障。政府部门通过制定数字经济发展战略规划,明确发展方向和目标,引导社会资源向数字经济领域聚集。同时,政府通过出台税收优惠、资金支持等政策措施,降低数字经济发展成本,激发市场活力。政府部门加大对数字技术研发和创新的支持力度,推动数字技术不断突破和应用。政府还通过制定和执行知识产权保护政策，保护创新成果，激发企业和个人的创新热情。政策与法规支持为数字经济提供了安全保障，政府加强网络安全和数据安全立法工作，完善数据保护法律体系，保障个人和企业的合法权益。同时，政府还推动建立健全网络安全监管机制，加强网络安全风险防控和应急处置能力，确保数字经济的安全稳定运行。

二、数字经济发展的全球经济意义

（一）促进经济增长

数字经济已成为全球经济增长的新引擎，其深远影响正在逐渐显现。数字经济通过创新技术、优化资源配置、提高生产效率等方式，为全球经济增长注入了新的活力。

数字经济通过技术创新引领产业变革，为经济增长提供了新动力。新一代信息技术如大数据、云计算、人工智能等的广泛应用，推动了传统产业数字化、智能化转型，催生了众多新兴产业，如智能制造、智慧金融、智慧医疗等。这些新兴产业的崛起不仅优化了经济结构，还创造了大量新的就业机会，为经济增长注入了强大动力。

数字经济通过优化资源配置提高生产效率，促进了经济增长。数字技术的广泛应用使得信息获取更加便捷，资源配置更加精准高效。企业可以更加准确地把握市场需求，优化生产流程，降低成本，提高产品质量和服务水平。这不仅增强了企业的竞争力，也推动了整个行业的进步和发展。

数字经济还通过促进国际贸易和投资，推动了全球经济增长。数字技术的普及和应用使得跨国交易更加便捷，降低了贸易壁垒和成本，促进了全球贸易的繁荣。同时，数字经济也为国际投资提供了新的渠道和方式，推动了资本在全球范围内的流动和优化配置。

更重要的是，数字经济对于发展中国家来说，是实现经济赶超的重要机遇。通过发展数字经济，发展中国家可以充分利用其劳动力、资源等优势，实现跨越式发展。同时，数字经济也有助于缩小发达国家与发展中国家之间的经济差距，推动全球经济实现更加均衡和可持续发展。

(二)提升就业与创业机会

随着数字经济的蓬勃发展,其对全球就业与创业环境的影响日益显著。数字经济不仅为传统行业提供了更高效、更智能的解决方案,更催生了众多新兴行业和职业,为全球经济带来了前所未有的就业与创业机会。

数字经济促进了就业结构的多元化,在传统经济中,就业主要集中在制造业、服务业等领域,而数字经济则打破了这一局限,催生了大量与数字技术紧密相关的新兴职业,如数据分析师、云计算工程师、人工智能专家等。这些职业的出现不仅丰富了就业市场,也为求职者提供了更多选择和发展空间。

数字经济降低了创业门槛,在传统经济中,创业往往需要大量的资金、资源和人脉支持,而数字经济则通过技术创新和平台化模式,降低了创业的门槛和成本。例如,通过电子商务平台、社交媒体等渠道,创业者可以更加便捷地触达目标客户,实现产品的推广和销售。同时,众筹、风险投资等新型融资模式的出现,也为创业者提供了更多资金支持。

数字经济还促进了全球范围内的就业与创业机会,随着数字技术的普及和应用,跨国企业可以更加便捷地开展业务,实现资源的优化配置。这不仅为本土企业提供了更多国际合作机会,也为求职者和创业者提供了更广阔的发展空间。同时,数字经济的全球化特征也促进了人才的流动和交流,使得各国能够共享数字经济带来的红利。然而,数字经济的发展也带来了一些挑战。例如,数字技术的更新换代速度极快,要求从业者不断学习和更新技能;同时,数字经济下的就业形态也更加灵活多变,对从业者的适应能力和创新能力提出了更高的要求。因此,政府、企业和社会各界需要共同努力,加强人才培养和技能提升,为数字经济下的就业与创业创造更加有利的环境。

(三)优化资源配置

在数字经济时代,资源配置的方式和效率发生了深刻变革。数字技术的广泛应用和大数据的深入挖掘,使得资源配置更加精准、高效,为全球经济带来了显著的效益。

数字经济通过大数据分析和预测,实现了对资源的精准匹配。在传统的经济模式中,资源的配置往往依赖于经验和直觉,难以做到精准匹配。而数字经济通过收集和分析海量数据,能够更准确地把握市场需求和供给情况,实现资源的优化配置。例如,通过智能物流系统,可以实时掌握货物的运输情况和需求变化,从而优化物流路径和减少资源浪费。

数字经济通过数字平台的连接和共享,实现了资源的高效利用。数字平台能够将分散的资源聚集起来,实现资源的共享和协同利用。例如,共享经济模式的兴起,使得闲置的住房、汽车等资源得到了充分利用,减少了资源浪费和环境污染。同时,数字平台还能够促进跨行业、跨地区的资源合作与共享,打破行业壁垒和地域限制,实现资源的最大化利用。

数字经济通过数字技术的创新应用,推动了传统产业的转型升级。数字技术的应用可以提高传统产业的生产效率和服务质量,降低成本和减少资源浪费。例如,在制造业中,通过引入智能制造系统,可以实现生产过程的自动化和智能化,提高生产效率和产品质量。在农业领域,通过引入数字农业技术,可以实现精准种植和管理,提高农作物的产量和品质。

数字经济通过促进国际贸易和投资,实现了全球资源的优化配置。数字技术的普及和应用使得跨国交易更加便捷和高效,促进了全球贸易的繁荣和发展。同时,数字经济也为国际投资提供了新的渠道和方式,推动了资本在全球范围内的流动和优化配置。这不仅促进了全球经济的发展和繁荣,也推动了全球资源的优化配置和可持续发展。

三、数字经济对我国发展的意义

(一)推动经济转型升级

数字经济作为我国经济发展的新动能,对我国经济转型升级具有重大意义。随着全球化和信息化的深入发展,数字经济已成为引领我国经济发展的主导力量,为我国经济的持续健康发展提供了有力支撑。

数字技术的快速发展和应用,推动了我国传统产业的数字化、智能化转型。在制造业领域，智能制造、工业互联网等技术的广泛应用，提高了生产效率和产品质量，推动了制造业向高端化、智能化方向发展；在服务业领域，数字技术的应用推动了服务业的数字化、网络化发展，催生了众多新兴服务业态，如电子商务、数字教育、远程医疗等。这些新兴业态的崛起，不仅丰富了服务市场，也为我国经济转型升级提供了新的动力。

数字技术的应用使得资源配置更加精准、高效，有效提高了资源的利用效率。通过大数据分析，企业可以更加准确地把握市场需求和供给情况，实现资源的优化配置。同时，数字平台的连接和共享作用，促进了资源的共享和协同利用，打破了行业壁垒和地域限制，实现了资源的最大化利用。这些都有助于推动我国经济向更高效、更可持续的方向发展。

数字经济的蓬勃发展为我国创新创业提供了广阔的空间和机遇，数字技术的普及和应用降低了创新创业的门槛和成本，使得更多人能够参与到创新创业中来。同时，数字经济的全球化特征也促进了国际的创新创业合作与交流，为我国创新创业提供了更多资源和灵感。这些都有助于推动我国经济朝着更加创新、更加开放的方向发展。

数字经济的发展使得我国在全球经济中的地位不断提升，为我国经济的国际化发展提供了有力支持。通过参与全球数字经济合作与竞争，我国可以更加深入地融入全球经济体系，提升我国经济的国际竞争力。同时，数字经济的发展也促进了我国与其他国家的经济交流与合作，为我国经济的对外开放提供了更多机遇和平台。

（二）提升国际竞争力

在全球化的大背景下，数字经济已成为国际竞争的新领域，其发展水平直接关系到国家的综合实力和国际地位。我国是世界上最大的发展中国家，加快数字经济发展，对我国提升国际竞争力具有重要意义。

数字经济通过技术创新和应用，提高了我国产业的智能化、高端化水平。数字技术的广泛应用，不仅优化了传统产业的生产流程，提高了产品质量和服务水平，还催生了众多新兴产业，如智能制造、智慧金融、智慧医疗等。这些新兴产业的崛起，为我国产业结构的优化升级提供了有力支撑，增强了我国在全球产业链中的竞争力。

数字经济通过促进创新创业，激发了我国经济发展的新动能。数字经济的蓬勃发展，为我国创新创业提供了广阔的空间和机遇。通过数字技术的应用，创新创业的成本和门槛大大降低，更多人能够参与到创新创业中来。这不仅促进了我国经济的持续发展，也为我国在全球创新竞争中赢得了更多主动权。

数字经济通过优化资源配置，提高了我国经济的整体效率和效益。数字技术的普及和应用，使得资源配置更加精准、高效，有效提高了资源的利用效率。这不仅增强了我国经济的内生增长动力，也为我国经济的可持续发展奠定了坚实基础。

（三）增强创新能力

在数字经济时代，创新能力已成为国家竞争力的核心。我国作为世界上最大的发展中国家，加快数字经济发展，对于增强创新能力具有重大意义。

数字经济为创新提供了强大的技术支撑，随着大数据、云计算、人工智能等数字技术的快速发展，我国在科技领域的创新能力和水平得到了显著提升。这些先进技术的应用，不仅推动了传统产业的转型升级，也为新兴产业的发展提供了有力支持。例如，在智能制造领域，我国通过引入先进的人工智能技术，实现了生产过程的自动化和智能化，提高了生产效率和产品质量。

数字经济为创新提供了广阔的市场空间，数字技术的普及和应用，使得产品和服务更加个性化、多样化，满足了消费者日益多样化的需求。这为创新提供了广阔的市场空间，激发了企业和个人的创新热情。同时，数字经济的全球化特征也促进了国际的创新合作与交流，为我国创新提供了更多资源和灵感。

数字经济为创新提供了灵活的组织形式，在数字经济时代，创新不再局限于传统的企业和研究机构，而是可以通过众包、众创等新型组织形式实现。这些组织形式的出现，降低了创新的门槛和成本，使得更多人能够参与到创新中来。同时，数字技术的应用也使得创新过程更加高效、便捷，提高了创新的成功率和效率。

数字经济为创新提供了良好的政策环境，我国政府高度重视数字经济的发展和创新能力的提升，出台了一系列支持数字经济发展的政策措施。这些政策的实施，为创新提供了有力的制度保障和政策支持，激发了企业和个人的创新活力。

（四）改善民生福祉

数字经济在改善民生福祉方面发挥着日益重要的作用，为人民群众带来了更加便捷、高效、优质的生活体验。

通过大数据分析和应用，政府能够更加精准地识别和解决民生问题，如贫困救助、教育均衡等。同时，数字技术的普及和应用也降低了信息不对称程度，使得人民群众能够更加平等地获取信息和资源，增强了社会的公平性和透明度。

随着数字零售、数字内容创作、社群运营等领域的发展，数字经济为劳动者提供了灵活多样的就业机会。同时，数字技能培训的普及也帮助劳动者提升了数字技能水平，增强了就业竞争力。这些都有助于缓解就业压力，增加劳动者收入，提升人民生活水平。

数字技术的广泛应用使得公共服务更加智能化、个性化，如在线教育、远程医疗、智慧交通等，让人民群众享受到了更加优质高效的服务。数字经济的发展也推动了线上线下融合的新零售模式，为消费者提供了更加多样化的购物选择和更加便捷的购物体验。

数字经济提升了人民群众的获得感、幸福感和安全感。数字技术的普及和应用使得人民群众的生活更加便捷、舒适和安全，如智能家居、智能安防等。同时，数字经济的发展也推动了社会治理创新，提高了社会管理的智能化水平，增强了人民群众的安全感。

第二节 数字经济发展的优势

一、数字经济发展优势的表现

探讨数字经济发展的优势,旨在深入剖析数字经济在推动经济转型升级、增强国际竞争力、激发创新活力以及改善民生福祉等方面所展现出的独特魅力和巨大潜力。数字经济以其高效、便捷、智能的特点,引领着全球经济的发展方向,为各国带来了前所未有的发展机遇。因此,全面认识和理解数字经济发展的优势,对于把握机遇、应对挑战、推动经济高质量发展具有重要意义。

数字经济的发展优势体现在技术创新驱动上,数字经济以技术创新为核心,通过不断引入和应用大数据、云计算、人工智能等前沿技术,推动传统产业的数字化、智能化升级,同时催生出众多新兴产业,为经济增长提供了新的动力。这种技术创新不仅提高了生产效率和产品质量,还促进了产业链的深度融合,为经济发展注入了新活力。通过数字技术的应用,产业能够更加精准地把握市场需求和供给情况,实现资源的优化配置。数字平台的连接和共享作用,促进了资源的共享和协同利用,打破了行业壁垒和地域限制,提高了资源的利用效率。这种资源配置的优化不仅有助于提升经济效率,还能够减少资源浪费,推动可持续发展。

数字经济的发展优势体现在激发创新创业活力上,数字技术的普及和应用降低了创新创业的门槛和成本,使得更多人能够参与到创新创业中来。同时,数字经济的全球化特征也促进了国际的创新创业合作与交流,汇聚了全球智慧,加速了创新进程。这种创新创业的活力激发不仅为经济发展提供了源源不断的动力,还能够推动社会进步和科技创新。[①]

数字经济的发展优势体现在提升民生福祉水平上,通过推动公共服务智能化、个性化发展,数字经济为人民群众提供了更加便捷高效的服

---

① 龚勇. 数字经济发展与企业变革[M]. 北京:中国商业出版社,2020.

务。同时，数字经济的发展也创造了更多就业机会，提升了劳动者的技能水平，增加其收入来源。这种民生福祉的提升不仅让人民群众享受到更好的生活品质，还能够促进社会公平正义与和谐稳定。

二、技术创新驱动

数字经济以技术创新为核心，其迅猛发展的背后是不断涌现的先进技术和持续的创新驱动。技术创新在数字经济中发挥着至关重要的引领作用，不仅推动了传统产业的转型升级，还催生了众多新兴产业，为经济增长注入了新动力。

（一）先进技术的引领作用

在数字经济时代，大数据、云计算、人工智能、物联网等先进技术成为引领发展的关键因素。这些技术以其高效、智能、便捷的特点，为经济社会发展提供了强大支撑。

大数据技术的应用，使得海量数据得以被高效处理和分析，为决策提供了更加精准的数据支持；云计算技术的发展，使得计算资源得以被灵活配置和共享，降低了信息化建设的成本；人工智能技术的突破，使得机器能够模拟人类的思维和行为，提高了生产效率和智能化水平；物联网技术的普及，使得各种设备和系统得以互联互通，实现了智能化管理和服务。这些先进技术的引领作用不仅体现在单个技术的应用上，更体现在它们之间的融合与创新上。通过将这些技术深度融合，可以创造出更加智能、高效、便捷的产品和服务，推动经济社会的快速发展。

（二）技术创新带来的产业变革

在数字经济的推动下，传统产业正在经历着数字化、智能化的转型升级，同时新兴产业也在不断涌现。

对于传统产业而言，技术创新带来了生产方式的变革。通过引入大数据、云计算、人工智能等技术，传统产业得以实现智能化生产和管理，提高了生产效率和产品质量。例如，在制造业领域，智能制造的应用使得生产过程更加自动化、智能化，降低了人工成本和能源消耗。在农业领域，智慧农业的应用使得农业生产更加精准、高效，提高了农产品质量和产量。

除了传统产业的转型升级，技术创新还催生了众多新兴产业。这些新兴产业以数字技术为基础，具有高度的创新性、渗透性和带动性。例如，电子商务、数字创意、共享经济等新兴产业在数字经济的推动下得到了快速发展，为经济增长提供了新的动力。这些新兴产业的崛起不仅推动了经济结构的优化升级，还为社会创造了大量就业机会。

技术创新带来的产业变革不仅改变了传统产业的运作方式和发展路径，还催生了新的产业生态和商业模式。这种变革不仅推动了经济的快速增长，还促进了社会的全面进步。在未来发展中，应继续加强技术创新驱动，推动数字经济与实体经济深度融合，为构建新发展格局、实现高质量发展目标贡献更多力量。同时也需要关注技术创新可能带来的风险和挑战，加强监管和防范措施，确保技术创新能够健康、可持续地推动经济社会发展。

在创新驱动下，数字经济为经济持续增长注入了强大动力。技术创新是推动经济发展的核心，而在数字经济领域，这一动力尤为显著。随着大数据、云计算、人工智能等先进技术的不断突破和应用，数字经济正在深刻改变着传统产业的运作方式，并催生出众多新兴产业，为经济增长提供了新的源泉。

一方面，技术创新推动了传统产业的数字化、智能化升级。通过引入数字技术，传统产业能够实现生产过程的自动化、智能化，提高生产效率和产品质量。这种转型升级不仅有助于企业降低成本、提升竞争力，还为消费者带来了更加便捷、个性化的产品和服务。例如，在制造业领域，智能制造的应用使得生产过程更加高效、精准，提高了产品质量和生产效率；在零售业领域，数字零售的兴起为消费者提供了更加多样化的购物选择和更加便捷的购物体验。

另一方面，技术创新也催生了众多新兴产业的崛起。这些新兴产业以数字技术为基础，具有高度的创新性、渗透性和带动性。它们不仅为经济增长提供了新的动力，还为社会创造了大量就业机会。例如，电子商务、数字创意、共享经济等新兴产业在数字经济的推动下得到了快速发展，成为新的经济增长点。同时，这些新兴产业的兴起也推动了传统产业的转型升级，形成了良性互动的发展格局。

创新驱动下的数字经济还促进了全球范围内的资源配置和协作，通过数字技术，企业可以更加精准地把握市场需求和供给情况，实现资源的优化配置。同时，数字技术的普及和应用也降低了创新创业的门槛和成本，使得更多人能够参与到创新创业中来。这种全球范围内的资源配置和协作不仅提高了经济效率，还促进了国际的合作与交流，推动了全球经济的共同发展。

三、资源配置优化

（一）数据分析与预测的精准性

在数字经济时代，数据分析与预测的精准性成为资源配置优化的重要驱动力。借助先进的大数据技术，企业能够实时收集、处理和分析海量数据，从而对市场趋势、消费者需求以及供应链状况进行更为精确的预测和判断。这种精准性不仅提升了决策的科学性和有效性，还为企业优化资源配置提供了有力支持。

精准的数据分析有助于企业精准把握市场需求，通过对消费者行为、购买偏好等数据的深入挖掘，企业可以更加准确地了解市场需求的变化，从而调整生产计划和产品策略，避免库存积压和浪费。这种以需定产的模式不仅提高了企业的市场响应速度，还增强了其市场竞争力。

精准的数据预测能够帮助企业提前洞察潜在商机，通过对历史数据的分析和模型预测，企业可以预测市场走势、行业趋势以及竞争对手的动态，从而提前布局、抢占先机。这种前瞻性的决策模式使企业能够在激烈的市场竞争中保持领先地位。

精准的数据分析还为企业的资源配置提供了科学依据，通过对生产流程、成本结构等数据的分析，企业可以确定资源配置的最优方案，实现资源的最大化利用。这种精细化的管理方式不仅提高了企业的运营效率，还降低了成本、增强了盈利能力。

（二）数字平台的资源共享与协同

数字平台的资源共享与协同，为资源配置带来了革命性的变革。这些平台通过先进的技术手段，实现了资源的快速匹配、高效利用和无缝协同，极大地提升了资源配置的效率和灵活性。

数字平台通过云计算和大数据技术，将分散在各处的资源集中管理，实现了资源的虚拟化和动态分配。企业和个人可以按需获取资源，无须担心资源的短缺或浪费。这种基于云端的资源共享模式，不仅降低了资源获取的门槛和成本，还促进了资源的循环利用和可持续发展。

同时，数字平台通过提供协同工具和服务，打破了传统的组织边界，使得不同企业、团队和个人可以无缝协作。无论是远程办公、项目管理还是跨部门合作，数字平台都能够提供强大的支持，确保信息的实时共享、任务的协同推进和资源的优化配置。这种协同模式极大地提高了工作效率和响应速度，使得团队能够更加高效地应对市场变化和客户需求。

四、激发创新创业活力

（一）降低创新创业门槛与成本

激发创新创业活力是推动经济持续增长的重要动力，而降低创新创业门槛与成本则是激发这种活力的关键所在。在数字经济时代，数字技术的广泛应用为降低创新创业门槛与成本提供了有力支持。

传统的创新创业往往需要高度的技术积累和专业知识，而数字技术的普及使得更多的人能够接触和掌握相关技术。例如，云计算、大数据、人工智能等技术的广泛应用，为创新创业者提供了强大的技术支持和工具，使得他们能够更加便捷地实现创意的转化和落地。这种技术普及效应不仅降低了创新创业的技术门槛，还促进了技术的广泛传播和应用，推动了整个社会的技术进步和创新发展。

传统的创新创业往往需要大量的资金投入，包括研发、生产、市场推广等各个环节。而数字技术的应用使得创新创业者可以更加高效地进行资源配置和利用，减少了资金的需求和投入。例如，通过云计算平台，创新创业者可以按需获取计算资源，无须再购买和维护昂贵的硬件设备；通过社交媒体和在线平台，创新创业者可以更加便捷地进行市场推广和品牌建设，降低了市场推广的成本。这种资金门槛的降低使得更多的人能够参与到创新创业中来，推动了创新创业的广泛开展和深入发展。

数字平台通过提供一站式的服务，帮助创新创业者解决了从创意孵化到产品落地全过程中的各种问题。例如，孵化器、加速器等数字平台为创新创业者提供了资金、技术、市场等多方面的支持和服务，帮助他们快速成长和发展。这种便捷的服务和支持不仅降低了创新创业的难度和风险，还提高了创新创业的成功率和影响力。

（二）拓展创新创业空间与领域

拓展创新创业空间与领域是推动经济持续增长的关键路径，也是激发全社会创新创业活力的必然要求。在数字经济时代，数字技术的迅猛发展为拓展创新创业空间与领域提供了广阔的可能性。

一方面，数字技术的广泛应用不断拓展创新创业的空间。传统的创新创业往往受限于地域、行业等因素，而数字技术的普及和应用则打破了这些限制。通过互联网、大数据、人工智能等技术的运用，创新创业者可以更加便捷地获取和分享信息、资源和技术，实现了跨地域、跨行业的协同创新。这不仅降低了创新创业的门槛和成本，还促进了创新资源的优化配置和高效利用。比如，远程办公和在线协作工具的普及，使得团队成员即使分散在全球各地，也依然能够高效协作，共同推进项目的进展。这种空间拓展的效应不仅推动了创新创业的广泛开展，还促进了全球范围内创新资源的共享和合作。

另一方面，数字技术的创新发展也在不断拓展创新创业的领域。随着云计算、物联网、区块链等技术的不断突破和应用，新的产业和商业模式不断涌现，为创新创业提供了更加广阔的舞台。比如，基于云计算的软件运营服务（Software as a Service，SaaS）、基于物联网的智能家居、基于区块链的供应链金融等领域，都成为创新创业的热点和前沿。这些新兴领域的兴起不仅丰富了创新创业的内涵和外延，还为社会创造了更多的价值和就业机会。同时，数字技术的融合应用也催生了众多交叉领域和新兴业态，如数字创意、智慧医疗、智能制造等，为创新创业提供了更加丰富的选择和可能性。

（三）增强创新创业的国际合作与交流

增强创新创业的国际合作与交流是推动全球创新发展的重要途径，也是提升国家竞争力的关键举措。在数字经济时代，国际合作与交流为创新创业提供了更加广阔的舞台和无限的可能性。

一方面，国际合作与交流为创新创业带来了丰富的资源和灵感。通过参与国际项目合作、技术转移、人才交流等活动，创新创业者可以接触到全球最前沿的科技成果、最新的市场趋势和最优秀的创新人才。这些资源和灵感的碰撞与融合，有助于激发创新创业者的创造力和想象力，推动创新项目的快速发展和落地。同时，国际合作与交流还为创新创业提供了更广阔的市场空间和发展机遇。通过拓展海外市场、参与国际竞争，创新创业者可以进一步提升自身的品牌影响力和市场竞争力，实现更加可持续的发展。

另一方面，国际合作与交流有助于推动创新创业的全球化进程。随着全球化的深入发展，创新创业已经不再是某个国家或地区的专属活动，而是全球范围内的共同追求。通过参与国际合作与交流，创新创业者可以更加深入地了解不同国家和地区的创新文化、政策环境和发展需求，有助于推动创新创业的全球化布局和发展。同时，国际合作与交流还可以促进不同国家和地区之间的创新资源共享和协同发展，形成全球创新创业的合力，共同应对全球性挑战和问题。

第三节　数字经济对创新发展的重要性

一、数字经济与创新发展

在21世纪的今天，数字经济与创新发展之间的关系越发紧密。数字经济作为一种新型经济形态,正在以其独特的魅力和强大的生命力,引领着全球经济的深刻变革。与此同时,创新发展作为推动社会进步的核心动力,正日益成为各国竞相追逐的战略目标。数字经济与创新发展二者相互依存、相互促进,共同构成了当今世界经济发展的双引擎。一方面,数字经济为创新发展提供了广阔的平台和丰富的资源,推动了创新理念、创新技术、创新模式的不断涌现;另一方面,创新发展则为数字经济提供了源源不断的动力,推动了数字技术的突破、数字产业的升级和数字经济的繁荣。

二、数字经济为创新发展提供强大动力

在数字化浪潮的推动下,数字经济已逐渐成为驱动创新发展的核心力量。它通过优化决策、引领技术创新以及促进资源汇聚与共享,为创新发展提供了前所未有的强大动力。

(一)数据驱动的决策优化与创新

在数字经济时代,数据已经成为一种新型的生产要素,具有极高的价值。企业和社会通过收集、处理和分析海量数据,能够更准确地把握市场需求、预测未来趋势,从而做出更为科学和有效的决策。这种数据驱动的决策优化不仅提高了决策效率和准确性,更为创新发展提供了强大的支持。同时,数据也成了创新的重要来源。通过对数据的深入挖掘和分析,企业可以发现新的商业模式、产品和服务,从而开辟全新的市场领域。例如,许多电商平台通过分析用户的购物数据,推出了个性化推荐系统,大大提高了用户满意度和购物体验。这种基于数据的创新不仅推动了数字经济的发展,也为整个社会的创新发展注入了新的活力。

(二)数字技术的创新引领作用

随着云计算、大数据、人工智能等前沿技术的不断发展,数字技术正在以前所未有的速度推动着各个领域的创新。在云计算的支撑下,企业可以更加高效地进行数据处理和分析,从而推动业务模式的创新。大数据技术的普及使得企业能够更全面地了解市场和用户,为产品和服务创新提供了强大的支持。而人工智能技术的发展则为企业提供了自动

化、智能化的生产和服务方式，大大提高了生产效率和用户体验。这些数字技术的创新不仅推动了数字经济的发展，更为其他领域的创新提供了强大的技术支撑，且发挥了引领作用。通过将这些数字技术应用于传统产业和创新领域，可以推动产业变革、提升生产效率、创造新的商业模式，从而推动整个社会的创新发展。[1]

（三）数字平台促进创新资源的汇聚与共享

数字经济的另一个重要特点是其开放性和共享性。数字平台作为数字经济的重要载体，为创新资源的汇聚和共享提供了强大的支持。

一方面，数字平台通过聚集大量的创新资源和人才，形成了创新生态系统。在这个生态系统中，各种创新资源和人才可以自由地交流和合作，从而激发出更多的创新灵感和涌现出丰硕的创新成果。这种汇聚效应不仅促进了创新资源的有效配置和利用，更为创新发展提供了强大的支撑。

另一方面，数字平台通过提供便捷的信息共享和协作工具，促进了创新资源的共享。企业和个人可以通过数字平台轻松地获取和分享创新资源，从而大大提高了创新效率和成功率。这种共享机制不仅降低了创新成本和门槛，更为整个社会的创新发展提供了强大的动力。

三、数字经济为创新发展提供广阔空间

（一）数字化转型带来的新机遇

随着数字化转型的深入推进，数字经济为创新发展提供了前所未有的广阔空间。这一转型不仅重塑了传统产业的形态和边界，更催生了众多新兴领域和商业模式，为创新者提供了丰富的土壤和无限的可能。

数字化转型带来的新机遇，表现在对传统产业的深刻改造上。通过应用数字技术，企业可以实现生产过程的智能化、自动化，提高生产效率和质量。同时，数字化转型还推动了服务业的升级，为消费者提供了更加便捷、个性化的服务体验。这些变革不仅提升了传统产业的竞争力，也为创新者提供了丰富的应用场景和市场需求。

---

[1] 刘刚. 中国数字经济发展机制研究[M]. 北京：中国商务出版社，2023.

数字化转型还催生了众多新兴领域和商业模式。例如，共享经济、平台经济、无人经济等新模式不断涌现，为创新者提供了更加广阔的舞台。这些新兴领域和商业模式不仅带来了新的经济增长点，也为创新者提供了更加多元的发展路径。

更重要的是，数字化转型推动了创新资源的优化配置和高效利用。通过数字平台，创新者可以更加便捷地获取和共享创新资源，实现创新要素的全球流动和高效配置。这种优化配置不仅提高了创新效率，也降低了创新成本，为创新者提供了更加良好的创新环境。

（二）数字经济催生新业态与新模式

随着数字经济的蓬勃发展，新业态与新模式如雨后春笋般涌现，为经济社会发展注入了新的活力。这些新业态与新模式不仅改变了人们的生活方式，也重塑了产业结构和商业模式，成为推动经济转型升级的重要力量。

在数字经济时代，数据成为新的生产要素，催生了数据驱动的新业态。例如，基于大数据分析的精准营销、个性化推荐等服务，不仅提高了商业效率，也满足了消费者日益个性化的需求。同时，数字技术的创新应用也推动了新模式的诞生。如共享经济模式，通过数字平台实现资源的优化配置和高效利用，既降低了成本，又提高了资源的使用效率。

数字经济还推动了传统产业的数字化转型和升级。许多传统企业通过应用数字技术，实现了生产过程的智能化、自动化，提高了生产效率和产品质量。同时，数字化转型也推动了服务业的创新发展，如在线教育、远程医疗等新业态的兴起，为人们提供了更加便捷、高效的服务。

（三）数字经济助力全球化创新布局

数字经济通过其独特的魅力和潜力，正助力全球化创新布局实现前所未有的拓展与深化。在全球化的今天，数字经济不仅打破了地域界限，促进了创新资源的自由流动和共享，还通过数字技术的广泛应用，推动了创新活动的全球协同与合作。

数字经济的崛起，使得企业可以更加便捷地获取全球范围内的创新资源，加速创新进程。通过数字平台，企业可以实时了解全球市场需求、技术发展趋势和竞争对手动态，为创新活动提供有力的市场导向和技术支持。同时，数字经济也促进了跨国合作与交流，使得不同国家和地区的企业、科研机构和人才可以共同开展创新活动，实现优势互补和资源共享。

数字经济还通过数字技术的广泛应用，推动了创新活动的全球化布局。例如，云计算、大数据、人工智能等技术的普及和应用，使得创新活动可以跨越时空界限，实现全球范围内的协同与合作。这种全球化布局不仅提高了创新效率和质量，也促进了创新成果的全球传播和应用。

更重要的是，数字经济通过其开放、共享的特性，推动了全球化创新布局的包容性和可持续性。在数字平台上，可以更加公平地分配和利用创新资源，使得更多的企业和人才能够参与到创新活动中来。同时，数字经济也促进了创新活动与环境保护、社会责任等方面的融合，推动了创新活动的可持续发展。

四、数字经济优化创新发展的生态环境

（一）数字技术降低创新创业门槛

数字技术的广泛应用与不断突破，极大地降低了创新创业的门槛，为众多创业者与创新者提供了前所未有的机遇。过去，创新创业往往伴随着高昂的成本、复杂的技术门槛以及难以触及的市场资源，而今，数字技术如云计算、大数据、人工智能等的成熟，使得这些难题得以逐一破解。

数字技术的普及，让更多人能够接收到先进的创新工具与平台，无须拥有昂贵的硬件设备或深厚的技术背景，也能通过云服务、开源软件等渠道，轻松开启创新之旅。这不仅极大地降低了创业的成本，还使得更多不同背景、不同领域的人才能够参与到创新活动中来，共同推动社会的进步。

数字技术还促进了创新资源的共享与流通，在线协作平台、开源社区等的兴起，让创新者能够轻松地找到志同道合的伙伴，共享知识、经验和资源，共同攻克技术难题。这种开放、协作的创新模式，不仅提高

了创新的效率和质量,还促进了创新文化的传播与普及。

与此同时,数字技术还通过精准的市场分析和用户洞察,为创新者提供了更加明确的市场导向。借助大数据分析,创业者可以更加准确地把握市场需求和消费者心理,从而推出更加贴近市场、满足用户需求的产品和服务。这种以市场需求为导向的创新模式,不仅提高了创新的针对性和成功率,还为消费者带来了更加优质、便捷的体验。

(二)数字经济促进创新创业政策的完善

数字经济的蓬勃发展,不仅推动了创新创业的繁荣,也对创新创业政策提出了更高的要求。为了适应这一趋势,各级政府纷纷完善创新创业政策,以更好地支持数字经济的发展。这些政策的完善,不仅体现在对创新创业的资金扶持、税收优惠等方面,更体现在对数字技术的深度应用、创新创业环境的优化等方面。

在资金扶持方面,政府通过设立创业基金、提供贷款担保等方式,为创新创业者提供了更加充足的资金支持。这些资金不仅可以帮助初创企业度过初创期的资金困境,还可以促进其快速成长和发展。同时,政府还通过税收优惠等政策,减轻了创新创业者的负担,提高了其盈利能力和市场竞争力。

在数字技术应用方面,政府积极推动数字技术与创新创业政策的深度融合。例如,通过推广电子政务、建设智慧城市等方式,提高了政府行政效率和服务质量,为创新创业者提供了更加便捷、高效的服务。同时,政府还鼓励创新创业者积极应用数字技术,推动产业升级和转型,提高其创新能力和市场竞争力。

在创新创业环境优化方面,政府通过建设创新创业园区、提供创业培训等方式,为创新创业者提供了更加优质的环境。这些园区不仅提供了完善的基础设施和配套服务,还聚集了大量的创新资源和人才,为创新创业者提供了更加丰富的创新资源和合作机会。同时,政府还通过创业培训等方式,提高了创新创业者的综合素质和创新能力,为其成功创业提供了有力保障。

政府还加强了与高校、科研机构等创新主体的合作,共同推动创新创业政策的完善和实施。通过产学研合作、科技成果转化等方式，促进了创新资源的共享和循环利用，提高了创新效率和质量。这种合作模式不仅推动了创新创业的发展，也为经济社会的发展注入了新的活力。

（三）数字经济培养创新创业人才

数字经济的崛起，不仅催生了众多新兴领域和商业模式，更在无形中孕育着创新创业人才的培养与成长。在这一时代背景下，数字经济为创新创业人才的培养提供了丰富的土壤和广阔的空间。

数字经济促进了创新创业教育的普及与发展。随着数字技术的广泛应用，越来越多的高校、培训机构开始将数字经济纳入教育体系，开设相关的课程和培训项目。这些课程不仅涵盖了数字技术的基础知识，还注重培养学生的创新思维和创业能力。通过系统的学习与实践，学生们能够更好地掌握数字技术的应用，为未来的创新创业之路打下坚实的基础。

数字经济为创新创业人才提供了丰富的实践机会。在数字经济时代，创新创业活动不再局限于传统的工业园区或实验室，而是延伸到了云端、社交媒体等的各个角落。这种变革为创新创业人才提供了更加灵活、多元的实践平台。他们可以通过参与开源项目、开发数字应用、运营数字平台等方式，积累实践经验，锻炼自己的创新创业能力。这些实践机会不仅让学生们更好地了解市场需求和行业动态，还为他们提供了与业界专家、创业者交流合作的机会，拓宽了视野和人脉。

数字经济还通过搭建创新创业平台，为人才提供了更加广阔的舞台。随着数字技术的不断发展，各种创新创业平台如雨后春笋般涌现。这些平台不仅为创新创业者提供了资金、技术、市场等资源支持，还通过举办创新创业大赛、创业营等活动，吸引了众多优秀的创新创业人才。这些平台不仅为学生们提供了展示才华的机会，更为他们提供了与业界领袖、投资人等交流合作的渠道，推动了创新创业活动的深入开展。

第二章　数字经济发展数据要素与其他要素的协同联动机制

第一节　基础层：数字产业化

一、数字产业化概述

（一）数字产业化的定义与重要性

在数字经济的大潮中，数字产业化不仅是其基础层，更是推动整个经济发展的核心引擎。数字产业化，简而言之，是指通过数字技术的广泛应用和创新，推动传统产业向数字化、网络化、智能化方向转型升级，进而形成新的产业体系和经济形态。它的重要性体现在以下几个方面。

通过大数据、云计算、人工智能等技术的应用，企业可以实现生产过程的自动化、智能化，提高生产效率和质量。同时，数字技术的普及也促进了信息的快速流通和共享，降低了交易成本，提高了市场响应速度。

全球经济的深度融合和竞争日益激烈，传统产业的发展空间逐渐受限。而数字产业化通过技术创新和模式创新，为经济发展提供了新的增长点和发展空间。它不仅可以带动传统产业的数字化改造，还可以催生新的产业形态和商业模式，推动经济结构向高端化、智能化方向发展。[1]

在数字化时代，谁掌握了先进的数字技术，谁就能在全球竞争中占据有利地位。通过数字产业化的发展，可以培养和吸引更多的高素质人

---

[1] 刁生富，冯利茹. 重塑　大数据与数字经济[M]. 北京：北京邮电大学出版社，2020.

才，提升国家的创新能力和科技实力，从而在国际竞争中取得优势。

数字技术的应用不仅改变了生产方式，也深刻影响着生活方式。例如，在线教育、远程医疗、智慧城市等数字化服务的普及，让生活变得更加便捷、高效和美好。

（二）数据要素与其他要素的协同联动在数字产业化中的作用

在数字产业化的进程中，数据要素与其他要素的协同联动发挥着至关重要的作用。数据作为数字经济时代的核心资源，其与其他要素的深度融合与协同联动是推动数字产业化发展的关键环节。

数据要素与资本要素的协同联动为数字产业化提供了强有力的资金支持，随着数据资源的不断积累和价值的日益凸显，资本市场对数据产业的投资热情持续高涨。对数据要素的精准分析和预测能力为资本投资提供了决策支持，而资本的注入则加速了数据产业的创新与发展，推动了数字产业化的步伐。

数据要素与劳动力要素的协同联动促进了人才的结构优化和技能提升。在数字产业化过程中，数据分析、数据科学、数据工程等新型职业不断涌现，对劳动力的需求发生了深刻变化。数据要素的挖掘和利用为劳动力市场的匹配提供了更多可能性，同时劳动力的技能提升和知识更新也推动了数据要素的有效利用和价值创造。

数据要素与技术要素的协同联动是数字产业化发展的重要驱动力，数字技术的不断创新和突破为数据要素的处理、分析和应用提供了强大的技术支持。反过来，数据要素的不断丰富和优化也为技术创新提供了源源不断的灵感和动力。数据与技术的相互促进和深度融合推动了数字产业化的技术升级和模式创新。

数据要素与市场要素的协同联动加速了数字产业化的市场拓展和商业模式创新，数据要素的实时性和精准性为市场洞察和消费者行为分析提供了有力支持，帮助企业把握市场机遇和消费者需求。同时，数字产业化的发展也催生了新的商业模式和业态，如共享经济、平台经济等，这些新模式和新业态的兴起进一步推动了数据要素与市场要素的协同联动。

二、数字产业化的核心构成与发展现状

（一）数字产业化的主要领域和产业链分析

数字产业化的核心构成涵盖了多个关键领域，形成了一条完整的产业链。在主要领域方面，数字产业化主要包括电子信息制造业、软件和信息服务业、数字内容产业以及互联网与相关服务业等。电子信息制造业作为产业链的上游，涉及电子元器件、集成电路、电子设备等产品的研发与生产；软件和信息服务业则位于中游，专注于操作系统、数据库、云计算平台等基础软件和应用软件的开发与服务；数字内容产业作为下游之一，涵盖了数字媒体、数字娱乐、数字教育等领域的内容创作与分发；而互联网与相关服务业则贯穿整个产业链，提供网络连接、在线平台、电子商务等综合性服务。

在产业链分析上，数字产业化的各个领域紧密相连，形成了一个高度协同的生态系统。上游的电子信息制造业为中游的软件和信息服务业提供硬件支持，中游的技术创新则不断推动上游产品的升级换代。同时，下游的数字内容产业和互联网与相关服务业利用中游的技术和平台，开发出丰富多样的数字产品和服务，满足消费者的多元化需求。数字产业化还涉及与其他产业的深度融合，如工业互联网、智慧农业、智慧医疗等，这些融合领域不仅拓展了数字产业化的边界，也为传统产业的转型升级提供了有力支撑。

数字产业化的发展现状呈现出快速增长的态势，随着全球数字化进程的加速推进，数字产业化的规模不断扩大，技术创新日益活跃，产业结构持续优化。特别是在大数据、云计算、人工智能等前沿技术的推动下，数字产业化的应用领域不断拓展，服务模式不断创新，为经济社会发展注入了新的活力。同时，各国政府纷纷出台政策支持数字产业化的发展，数字产业已成为全球经济增长的重要引擎。

（二）全球及我国数字产业化的发展现状概述

以大数据、云计算、人工智能为代表的新一代信息技术在全球范围内迅速普及和应用，推动了数字产业化的快速发展。在全球范围内，数

字产业已成为经济增长的重要引擎,对世界经济格局产生了深远影响。一方面,数字技术的不断创新和突破为数字产业化提供了强大的技术支撑,推动了数字产业链的完善和升级;另一方面,数字产业化的快速发展也促进了全球数字经济的繁荣和增长,为各国经济发展注入了新的活力。

在我国,数字产业化的发展同样取得了显著成就。我国政府高度重视数字产业化的发展,出台了一系列政策措施,为数字产业化的发展提供了有力保障。在政策的引导下,我国数字产业化取得了长足进步,数字产业规模不断扩大,技术水平不断提升,应用领域不断拓展。特别是在数字经济、电子商务、智能制造等领域,我国已经形成了较为完整的数字产业链和生态系统,为全球数字产业的发展做出了重要贡献。

三、数据要素在数字产业化中的关键作用

(一)数据要素的价值创造与驱动创新机制

数据要素在数字产业化中的关键作用体现在强大的价值创造与驱动创新机制上。数据作为数字经济时代的核心资源,其价值创造的过程是通过捕捉、处理、分析和挖掘海量数据,提取有价值的信息和洞见,进而优化决策、提升效率、提供新产品和服务。这种价值创造过程不仅推动了企业内部运营的优化,还促进了产业链的升级和发展。数据要素驱动创新机制则表现在,通过对数据的深度挖掘和分析,可以发现市场的新需求、新技术的新应用,从而引领产品创新、服务创新、商业模式创新等。这种创新驱动不仅提升了企业的竞争力,也推动了整个数字产业的进步。

在数字产业化进程中,数据要素的价值创造与驱动创新机制相互交织、相互促进。一方面,随着数字技术的不断发展和数据资源的日益丰富,数据要素的价值创造能力不断提升,为创新驱动提供了源源不断的动力;另一方面,创新驱动又不断推动数据要素的深入应用和优化,进一步提升其价值创造能力。这种良性循环不仅加速了数字产业化的进程,也为经济社会发展注入了新的活力。

数据要素的价值创造与驱动创新机制还体现在其对传统产业的改造和提升上。通过数据的引入和应用，传统产业可以实现生产过程的数字化、智能化，提高生产效率和质量，同时也可以通过数据分析和挖掘，发现新的商业模式和盈利点，实现业务的拓展和创新。这种对传统产业的改造和提升，不仅推动了数字产业化的深入发展，也为传统产业的转型升级提供了有力支持。

（二）数据要素与技术、资本、劳动力等要素的互动关系

在数字产业化的进程中，数据要素与技术、资本、劳动力等要素之间存在着密切的互动关系。这种互动不仅推动了数字产业的快速发展，也为经济社会的数字化转型提供了强大的动力。

大数据、云计算、人工智能等新一代信息技术的快速发展，使数据要素的价值得到了前所未有的挖掘和释放。技术的不断创新为数据处理、分析和应用提供了强大的支撑，使得数据能够更好地服务于企业的决策、创新和市场拓展。同时，数据的丰富性和多样性也为技术创新提供了源源不断的灵感和动力。数据驱动的技术创新正在引领着数字产业化的技术升级和模式变革，推动着数字经济的蓬勃发展。

数据作为一种新型的生产要素，其价值的实现需要资本的投入和支持。一方面，资本市场为数据要素的采集、处理、分析和应用提供了必要的资金支持，推动了数据产业的快速发展；另一方面，数据要素的价值创造也为资本市场提供了新的投资领域和盈利机会。数据要素与资本要素的深度融合，不仅促进了数字产业的资本积累和金融创新，也为传统产业的转型升级提供了强有力的金融支持。

劳动力要素在数字产业化中同样发挥着不可或缺的作用，随着数字技术的广泛应用和数据产业的快速发展，数字产业对具备数据分析、数据科学、数据工程等技能的人才需求日益旺盛。劳动力要素与数据要素的互动关系表现在：一方面，劳动力的技能和知识是数据处理和分析的基础，为数据要素的价值创造提供了重要支撑；另一方面，数据要素的不断丰富和优化也为劳动力提供了更多的职业发展机会和空间。数据要素与劳动力要素的协同作用，不仅推动了数字产业的人才培养和技能提

升,也为劳动力市场的匹配和就业创造了更多可能性。

这种互动关系的形成和发展,是数字产业化进程中的必然产物。随着数字技术的不断突破和数据资源的日益丰富,数据要素与其他要素的互动将更加紧密和深入。这种互动不仅将推动数字产业的快速发展,也将为传统产业的转型升级提供强大的动力。同时,也需要看到,数据要素与其他要素的互动关系也面临着一些挑战和问题,如数据安全与隐私保护、数据资源的共享与开放等。因此,在推动数字产业化的过程中,需要加强政策引导和支持,完善法律法规体系,促进数据要素与其他要素的良性互动和协同发展。

四、数字产业化与其他产业要素的协同联动路径

(一)政策引导与市场机制的协同作用

在数字产业化的推进过程中,政策引导与市场机制的协同作用至关重要。这种协同不仅有助于优化资源配置、提高产业效率,还能推动数字产业与其他产业的深度融合,实现经济的整体转型升级。

政策引导在数字产业化初期起到了关键的推动作用。政府通过制定发展规划、提供财政支持、优化营商环境等措施,为数字产业的发展提供了有力的保障。一系列政策的出台不仅降低了市场主体的进入门槛,激发了市场活力,还引导了资金流向和技术创新的方向。然而,市场机制的作用同样不可忽视。市场通过价格机制、竞争机制和供求机制等,有效调节资源配置,推动产业创新。在数字产业化进程中,市场机制能够激发企业的创新动力,推动数字技术与其他产业要素的深度融合,实现产业价值的最大化。

(二)技术创新与产业升级的相互促进

技术创新与产业升级在数字产业化进程中呈现出相互促进的紧密关系。技术创新是推动产业升级的重要动力,而产业升级则为技术创新提供了更广阔的应用场景和市场需求。这种相互促进的关系不仅加速了数字产业的快速发展,也为整个经济社会的转型升级注入了强大的活力。

随着新一代信息技术的快速发展,大数据、云计算、人工智能等创

新技术为传统产业提供了数字化转型的契机。通过应用这些先进技术，传统产业可以实现生产过程的自动化、智能化，提高生产效率和质量，降低能耗和排放，实现绿色发展。同时，技术创新还催生了新产品、新业态、新模式，为产业升级提供了源源不断的动力。

随着产业结构的不断优化和升级，市场对高技术、高质量、高附加值的产品和服务需求不断增加。这种需求推动了技术创新的不断深入和拓展，为技术创新提供了更广阔的市场空间和发展机遇。同时，产业升级也促进了技术创新的成果转化和应用推广，使得技术创新能够更好地服务于经济社会的发展。

技术创新为产业升级提供了技术支撑和解决方案，而产业升级则为技术创新提供了实践平台和市场验证。这种良性互动和协同发展不仅加速了数字产业化的进程，也为整个经济社会的转型升级提供了强大的动力和支持。

技术创新与产业升级的相互促进还表现在对资源的高效利用和环境的保护上，技术创新企业通过提高资源利用效率、降低能耗和排放等手段，推动了产业的绿色发展。而产业升级则通过优化产业结构、提高产品质量和服务水平等方式，实现了对资源的高效利用和环境的有效保护。这种相互促进的关系不仅有利于经济的可持续发展，也为社会的和谐稳定提供了有力保障。

（三）数据要素驱动下的产业融合与发展

在数字产业化的浪潮下，数据要素作为核心驱动力，正深刻影响着产业的融合与发展。数据要素的广泛应用不仅促进了不同产业间的信息流通和资源共享，还推动了产业间的深度融合与创新，为经济发展注入了新的活力。

数据要素驱动下的产业融合，首先体现在数字技术与实体经济的深度融合上。随着大数据、云计算、人工智能等新一代信息技术的应用，传统产业的数字化、智能化转型步伐加快。数据要素在这些转型过程中起到了关键作用，它不仅提高了生产效率和产品质量，还催生了新产品、新业态、新模式，为产业创新提供了源源不断的动力。

数据资源的共享和开放，打破了产业间的信息壁垒，使得不同产业能够基于共同的数据基础进行协同创新和合作。这种跨界合作不仅推动了产业间的资源优化配置和优势互补，还催生了新的产业生态和价值链，为产业发展提供了更广阔的空间和机遇。

数据要素驱动下的产业融合还推动了产业链的升级和重构，通过数据的深度挖掘和分析，企业可以更加精准地把握市场需求和消费者偏好，从而优化产品设计、改进生产工艺、提高服务质量。这种基于数据的产业链升级和重构，不仅提高了整个产业的价值创造能力和市场竞争力，还为产业链的上下游企业提供了更多的合作机会和发展空间。

同时，数据要素驱动下的产业融合还带来了对传统产业模式的冲击和变革。数据的广泛应用使得传统产业的边界逐渐模糊，产业间的竞争也由单一的产品或服务竞争转变为综合性的生态竞争。这种变革要求传统产业必须积极拥抱数字化转型，通过技术和模式创新来适应新的市场竞争格局。

第二节 支撑层：产业数字化

数字政府和数字经济是建设数字中国的两个重要方面，二者相互融合、相辅相成。通过数字技术和媒体手段提升政府的市场监管能力，将有效促进数字经济的发展。政府作为企业生产发展和产业转型升级的重要支撑，在产业数字化转型中发挥着重要作用。

一、数字政府赋能数字经济发展

通过国家的不断引导，从国家到地方，都充分认识到发展数字经济的重要性。在"十四五"规划中，很多省市都将数字经济作为地方经济发展的重要抓手。为此，地方政府积极发挥数字政府在顶层设计、金融支持、营商环境、市场监管等方面的扶持作用，推动地方数字经济发展。

通过技术和数字媒体提升政府的市场监管能力，将有效促进数字经济的发展。一方面，数字技术可以在优化政府责任体系、推进简政放权、优化服务改革、深化行政审批制度改革等方面发挥重要作用，从而有助于提高政府调控经济和监管市场的能力。另一方面，将政府调控经济的能力与数字化思维相结合，可以用积极有效的制度和政策推动中国数字经济的发展，为新产品、新服务、新业态、新商业模式的萌芽营造良好的氛围。

以北京市为例，2021年7月30日，中共北京市委办公厅、北京市人民政府办公厅印发《北京市关于加快建设全球数字经济标杆城市的实施方案》（以下简称《方案》），提出打造全球领先的数字经济新体系。为此，《方案》要求，加快数字政府建设。全面构建以数字化为特征的现代化治理体系。以数字化技术推进政务服务全方位、系统性、重塑性变革，提高政府提供服务的效能。进一步推进数据开放，构建数据驱动的政府管理新机制、新平台，用数据支持决策管理。

此外，数字经济的高质量发展需要政府的合理监管。数字经济作为发展快、创新性强的经济活动，新技术、新产业、新业态、新模式层出不穷，对原有的监管体系提出了挑战。在"十四五"期间，一方面要鼓励数字经济制度创新，深化"放管服"改革，及时出台、修改和完善相关法律法规，打破不合理的行业壁垒；另一方面要筑牢数字经济发展红线，研究制定以用户安全为底线的准入政策，加强对利益相关方新商业模式的审慎监管。

二、政府数据开放助力企业产业数字化转型和创新

政府在履行职责的过程中，存储了大量的数据资源。虽然我国开始有序推进数据开放工作，但由于数据开放的技术难题等原因，仍有很大一部分高价值、有潜力的数据处于未被公开状态。随着数字技术和应用的深入发展，有序推进政府数据开放已成为释放数据潜力的关键一环。

政府数据开放水平的提高是否会通过推动商业行业的数字化转型而影响商业创新？本内容的探索有助于厘清政府数据开放影响商业创新的传导路径，使政府更好地从技术保障机制和政策环境上提升政府数据开放水平，为深化创新驱动发展战略提供理论依据和政策参考，具有重要

的现实意义。

（一）政府数据开放对企业创新的直接传导机制

作为创新的主要机构，企业的创新过程必须在自身与外界之间不断交换和传播信息与知识。政府开放数据是数字经济生活中产生的原始数据，这些数据蕴含着企业生存和发展的潜在市场机会信息。企业可以从数据中分析和提取市场数据和其他数据，激发新的创意，进而推动企业产品和技术创新。

由于资源环境、劳动就业、交通、气象等领域因素，企业和其他微观主体的数据采集存在诸多信息不对称和难以逾越的障碍，搜索、复制和验证的成本很高。政府作为社会数据的主要和重要持有者，安全有序地开放除涉密数据、隐私数据之外的原始数据，有利于数据资源的整合、汇聚和开放共享，改善企业、市场和政府之间的信息不对称。政府数据开放能满足企业对相关领域数据访问、获取、挖掘和再利用的需求，大大降低了企业获取相关数据的难度，为企业开展创新活动提供了宝贵的外部数据资源，有助于企业发掘和发现政府数据开放的潜在市场机会，从而更好地推动业务创新。

（二）政府数据开放对企业创新的间接传导机制

提高政府数据的开放水平促进了企业行业的数字化转型。要将开放数据转化为企业从事商业创新的现实生产要素，企业需要具备良好的数据识别、分析和应用能力。企业需要开发相关算法，对开放数据进行挖掘、分析和应用，更好地挖掘和预测消费者的异构需求，实现技术和生产产品的创新。为提高开放数据发掘、分析和应用的效率和质量，加大企业数字化转型的内生动力，要更加重视和加强互联网、大数据等数字技术的应用，从而提高政府开放数据平台的联通性和开发性，促进数据要素与传统生产要素的深度融合，进一步利用开放数据进行创新赋能。

企业数字化转型有助于提高企业的创新能力，企业产业数字化转型可以有效提高企业发现、识别、数字化和利用外部数据与知识的吸收能力。吸收能力是企业建立可持续竞争优势的重要能力，包括识别、获取、整合、发掘和应用组织外部知识的能力。在数字经济时代背景下，企业的吸收能力进一步扩展到对组织内外大数据的深度分析处理和应用能力。在企业产业数字化转型过程中，数字化转型在技术层面为企业创新提供了强有力的支撑和新的可能。互联网等数字技术的应用，增强了企业的吸收能力和资源配置效率，将提高企业的创新能力和创新强度。

综上所述，为推动企业产业数字化发展，应做好以下两点：一是探索完善数据分类和正确确认机制，完善数据开放的相关法律依据。根据政府数据、商业数据、个人数据等不同主体和数据类型，划分所有权，通过法律制度对数据所有权的主体和客体进行分类和界定。在数据分类确认的基础上，优化公共数据资源目录体系，建立健全数据开放指南和标准，为充分激发数据价值提供制度保障。二是深化数据共享开放。加快建设一体化智慧公共信息平台，完善公共数据采集规范和标准。建立开放数据核查整改制度，加强数据资源全生命周期管理，提高数据要素质量。探索建立分行业、分场景可控的数据开放机制，积极拓展数据资源应用场景，为推动企业技术创新应用提供更多"高含金量"条件，促进公共数据开放与企业数据深度对接。开展政府数据授权试点，安全有序推进公共数据开放应用，促进公共数据跨区域共享，释放政府开放数据的红利和潜力，提升数据资源价值。

第三节　整合层：全要素数字化

随着信息技术的迅猛发展和深入应用，数字经济已经成为推动全球经济增长的重要引擎。在这一背景下，全要素数字化作为数字经济的核心，正逐渐成为引领产业变革、提升国家竞争力的关键所在。全要素数字化是指通过数字技术的广泛应用，实现经济活动中各类要素的数字化、网络化、智能化，进而推动经济社会的全面数字化转型。它不仅涉及信息技术的创新应用，更包括制度、政策、文化等多方面的深度融合与变革。

全要素数字化有助于提升资源配置效率。通过数字技术，可以实现对各类资源的实时监控和精准调度,从而有效避免资源的浪费和错配。全要素数字化有助于推动产业创新。数字技术的应用不仅可以催生新产品、新业态、新模式,还可以促进不同产业间的融合与协同,为产业创新提供源源不断的动力。全要素数字化还有助于提升政府治理能力和公共服务水平。通过数字化手段,政府可以更加精准地把握社会需求和民意动态,为公众提供更加便捷、高效的公共服务。

一、全要素数字化的定义与意义

(一)定义解析

"全要素数字化"指的是通过先进的信息技术手段,将经济社会中各类要素进行全面、系统、深入的数字化处理和整合,实现要素间的高效流动、优化配置和智能决策。这一过程涉及数据的收集、存储、处理、分析和应用,以及与之相关的技术、人才、制度等多个方面的创新和发展。

全要素数字化不仅是数字技术的简单应用,更是一种全新的经济社会发展理念和模式。它要求在经济活动的各个层面和环节,都充分利用数字技术,实现要素的数字化表达、网络化连接和智能化应用。这意味着,从微观层面来看,全要素数字化要求企业实现生产流程、管理决策、商业模式等各方面的数字化升级;从中观层面来看,它要求产业实现数字化转型,推动产业链、供应链的数字化协同和高效运作;从宏观层面来看,全要素数字化则要求整个社会实现数字化治理和公共服务体系的数字化升级。[①]

(二)意义阐述

在数字经济时代,全要素数字化为各类要素的高效流动和优化配置提供了可能,从而促进了资源利用率的提升,推动了产业结构的优化升级,增强了政府治理能力,提高了公共服务水平。

全要素数字化有助于提升资源配置效率。通过大数据、云计算、人工智能等先进技术的应用,能够实现对各类资源的实时监控、精准分析

---

① 杨燕青,葛劲峰,马绍之. 数字经济及其治理[M]. 北京:中国对外翻译出版公司,2023.

和智能决策，避免了资源的浪费和错配。这不仅能够降低企业的运营成本，提高企业的竞争力，还能够推动整个社会实现资源的可持续利用。

全要素数字化对推动产业创新具有重要作用。数字技术的广泛应用不仅催生了新产品、新业态、新模式，还促进了不同产业间的融合与协同，为产业创新提供了源源不断的动力。例如，智能制造、智慧农业、智慧医疗等新兴产业的崛起，都离不开全要素数字化的支持。这些新型产业不仅推动了产业结构的优化升级，还为经济增长提供了新的动力源泉。

全要素数字化在提升政府治理能力和公共服务水平方面也发挥了重要作用。通过数字化手段，政府可以更加精准地把握社会需求和民意动态，实现决策的科学化、精细化和智能化。同时，数字化也为政府提供了更加高效、便捷的公共服务手段，提高了公共服务的覆盖率和质量。这不仅增强了政府的公信力和良好形象，还提升了人民群众的获得感和满意度。

二、全要素数字化的核心要素

（一）数据要素

数据要素在全要素数字化中占据核心地位，它是推动数字化转型的关键力量。数据不仅为决策提供了精准的依据，还促进了资源的优化配置和产业的创新发展。通过数据收集、整合和分析，企业能够洞察市场趋势，预测消费者需求，实现个性化服务和产品创新。同时，数据在公共服务领域也发挥着重要作用，帮助政府提升治理效率，优化资源配置，满足民众多样化需求。然而，数据要素在全要素数字化过程中也面临挑战，如数据隐私保护、数据质量管理和数据安全问题等。因此，在推进全要素数字化时，需要重视数据要素的管理和应用，加强数据基础设施建设，提升数据质量，保障数据安全，推动数据开放共享和跨界融合，以充分发挥数据要素在全要素数字化中的核心作用，助力经济社会的数字化转型和可持续发展。

在全要素数字化中，数据要素的核心地位体现在其是数字化转型的基石和驱动力。随着技术的发展，数据已经成为经济社会发展的重要资源，是决策的重要依据和创新的源泉。无论是企业、政府还是公共服务，都需要依赖数据进行决策和管理。数据要素的广泛应用不仅提升了经济社会的运行效率，还推动了产业结构的优化升级和公共服务水平的提升。

（二）技术要素

技术要素在全要素数字化中发挥着至关重要的作用，它是推动数字化转型和升级的关键驱动力。在数字经济时代，技术创新和应用不断加速，新兴技术如大数据、云计算、人工智能、物联网等不断涌现，为全要素数字化提供了强大的支撑。这些技术的应用使得数据的收集、存储、处理和分析变得更加高效和精准，推动了各类要素的数字化表达和网络化连接。

（三）人才要素

人才要素是全要素数字化中最具活力和创新性的关键要素，是推动数字化转型的核心力量。在全要素数字化的浪潮中，人才的需求、培养和应用成为决定转型成功与否的重要因素。人才是推动技术创新的关键。在数字经济时代，大数据、云计算、人工智能等技术的迅猛发展，需要一支具备高度专业素养和创新精神的技术人才队伍来支撑。这支队伍不仅需要具备扎实的技术基础，还需要具备敏锐的市场洞察力和创新能力，能够紧跟技术发展趋势，推动技术不断创新和应用。人才是实现数据要素价值的关键。数据是全要素数字化的基础，而有效地收集、处理、分析和应用数据，则需要依靠具备数据科学、统计学、机器学习等领域知识的人才。他们能够将海量的数据转化为有价值的信息和知识，为企业的决策和创新提供有力支持。同时，他们还能够通过数据挖掘和分析，发现新的商业模式和机遇，推动产业的创新和发展。人才还是推动全要素数字化与其他要素协同发展的关键。全要素数字化不仅是技术的革新，更是一场涉及经济、社会、政府等多个领域的全面变革。因此，需要具备跨学科、跨领域的人才队伍来推动全要素数字化与其他要素的深度融合和协同发展。人才队伍需要在理解数字化技术的基础上，具备丰富的行业知识和实践经验，能够跨界融合，推动产业创新和社会进步。

三、全要素数字化的实现路径

（一）政策引导与支持

在数字化转型的关键阶段，政府通过制定和实施一系列有针对性的政策，为全要素数字化的顺利推进提供有力保障。政策引导与支持有助于明确全要素数字化的发展方向和目标。通过数字化发展战略和规划，明确数字化转型的总体目标、重点任务和优先领域，引导企业和社会各界积极参与，形成推动数字化转型的合力。政策引导与支持可以为企业和社会各界提供必要的资金和资源支持。通过设立专项资金、提供税收优惠、加强基础设施建设等措施，降低企业和个人参与数字化转型的成本和风险，激发市场活力和创新动力。政策引导与支持还可以推动数字化技术的研发和应用。通过加强高校、科研机构等创新主体的合作，支持数字化技术的研发和创新，推动新技术、新业态、新模式的不断涌现和应用。同时，通过制定和实施数据治理、知识产权保护等相关政策，规范数字化技术的应用和管理，保障数据安全和隐私权益，为全要素数字化的健康发展提供有力支撑。

（二）企业主体作用发挥

企业在全要素数字化进程中扮演着至关重要的角色，其主体作用的发挥对于推动数字化转型和升级具有决定性的影响。企业不仅是数字化转型的主要实践者，也是技术创新和应用的重要推动者。通过发挥企业主体作用，可以有效整合内外部资源，实现数字化转型与业务发展的深度融合，进而提升企业的核心竞争力和可持续发展能力。

在数字经济时代，数字化转型已成为企业发展的必由之路。企业需要紧密结合自身业务特点和市场需求，制定明确的数字化转型战略，明确转型的目标、路径和措施。通过战略规划，确保企业在数字化转型过程中保持清晰的方向和目标，为转型的成功提供有力保障。

技术创新是推动数字化转型的核心动力，企业需要加大技术研发和创新投入，积极引进和培育高素质的技术人才，推动新技术在企业内部的广泛应用和深度融合。通过技术创新和应用，不断提升企业的生产效率和产品质量，实现业务流程的优化和再造，提升企业的核心竞争力。

数据是全要素数字化的基础，也是企业数字化转型的关键资源。企业需要建立完善的数据治理体系，加强数据收集、存储、处理和分析的能力建设，实现数据的高效利用和价值挖掘。通过数据驱动，推动企业的决策优化和业务创新，实现数字化转型和业务发展的相互促进。

全要素数字化不仅仅是企业内部的转型和升级，更需要与外部环境的协同合作。企业需要积极与政府、高校、科研机构等合作伙伴建立紧密的合作关系，共同推动数字化转型和产业升级。通过合作创新，共享资源和经验，实现优势互补和协同发展，共同推动全要素数字化进程。

（三）社会协同与参与

社会协同与参与是全要素数字化进程中的关键一环，对于推动数字化转型和升级起着至关重要的作用。在全要素数字化的背景下，社会各界的协同参与不仅能够加速数字化技术的应用和发展，还能够促进社会各领域的深度融合和协同发展。

社会协同与参与能够汇聚多元化的资源和智慧。数字化转型是一个涉及多个领域和行业的综合性过程，需要不同领域、不同行业、不同群体的共同参与和合作。社会各界的协同参与可以汇聚多元化的资源和智慧，形成推动数字化转型的强大合力。例如，政府、企业、社会组织、科研机构、高校等各方可以共同参与到数字化技术的研发、应用和推广中来，形成创新链、产业链、资金链、人才链等多链协同的数字化转型生态系统。

数字化转型不仅是技术层面的变革，更是涉及经济、社会、文化等多个领域的全面变革。社会各界的协同参与可以促进不同领域之间的深度融合和协同发展，推动数字化技术在各个领域的应用和创新。例如，在智慧城市建设中，政府、企业、社会组织等各方可以共同参与到城市基础设施、公共服务、社会治理等方面的数字化建设中来，形成城市数字化转型的整体解决方案，提升城市治理水平和居民生活质量。

数字化转型涉及广大人民群众的切身利益和社会公共利益，需要接受社会的监督和反馈。社会各界的协同参与可以加强社会监督和反馈机制，确保数字化转型的公正、透明和可持续。例如，在数字化技术的应用过程中，公众可以通过参与监督、提出意见和建议等方式，促进数字化技术的合理应用和规范发展。

第三章　数字经济发展的政府治理

第一节　政府数字化转型的背景和现状

一、政府数字化转型的背景

（一）数字化转型的全球趋势

数字化浪潮正席卷全球，推动着各行各业进行深刻的变革。在这种大背景下，政府数字化转型尤为重要和紧迫。

数字化转型不仅是技术层面的革新，更是思维方式和治理模式的全新转变。在全球范围内，各国政府纷纷认识到数字化转型对于提升政府治理能力、优化公共服务、推动经济社会发展的重要性，并纷纷将数字化转型作为战略任务加以推进。信息技术的不断创新为政府数字化转型提供了强大的技术支撑，云计算、大数据、人工智能等先进技术的迅猛发展，为政府治理提供了更加高效、智能的工具和手段。政府可以通过这些技术实现政务数据的集中存储和共享利用，提高政府决策的科学性和精准性。

随着数字经济的崛起和公众对高效、透明政府的需求不断增加，政府需要转变传统的治理模式和服务方式，提供更加便捷、个性化的政务服务。数字化转型有助于政府实现政务服务的在线化、智能化，提升政府服务的质量和效率。

数字化转型也是推动政府治理现代化的重要途径，其可以促进政府治理体系和治理能力的现代化，提升政府决策的科学性、规范性和透明度。通过数字化转型，政府可以更加精准地把握经济社会发展的脉搏，及时应对各种复杂多变的挑战和问题。

（二）数字经济的崛起

随着信息技术的飞速发展和广泛应用，数字经济正在以前所未有的速度改变着传统经济模式和商业模式，对全球经济产生深远影响。

数字经济的崛起得益于一系列技术创新的推动，如大数据、云计算、物联网、人工智能等。这些技术的快速发展和应用，极大地提高了信息处理能力和效率，使得数据成为新的生产要素，为经济发展提供了新动力。同时，数字技术的普及和应用也极大地降低了信息不对称性，提高了市场透明度和效率，为消费者和企业带来了更多选择和便利。

在数字经济的推动下，传统产业正在经历数字化转型和升级。许多企业开始利用数字技术来优化生产流程、提高产品质量、降低成本、拓展市场等。数字化转型已成为企业提高竞争力和应对市场变化的重要手段。同时，数字经济也催生了一批新兴产业和业态，如电子商务、在线教育、远程医疗等，这些新兴产业和业态的快速发展为经济增长提供了新的动力。

数字经济的崛起也对全球经济格局产生了深远影响，一方面，数字经济促进了全球贸易和投资自由化、便利化，加强了国际经济合作和联系；另一方面，数字经济也加剧了国际竞争和分化，使得一些国家和地区面临着被边缘化的风险。因此，各国需要加强合作和协调，共同推动数字经济的发展，实现互利共赢。[1]

然而，数字经济的崛起也带来了一些挑战和问题。例如，数据安全和隐私保护问题日益突出，需要加强相关法规和技术手段的建设和完善。同时，数字经济也加剧了劳动力市场的不平等和分化，需要采取措施来保障劳动者的权利和利益。

二、政府数字化转型的现状

（一）数字化基础设施的建设

随着信息技术的飞速发展和广泛应用，政府数字化转型已成为提升

---

[1] 钱志新. 全新数字经济[M]. 北京：企业管理出版社，2022.

公共服务效率、满足公众对高效透明政府需求的关键举措。数字化基础设施作为政府数字化转型的基石，其建设现状直接关系到数字化转型的成败。

目前，各国政府普遍认识到数字化基础设施的重要性，纷纷加大投入力度，推动数字化基础设施的建设。从硬件层面来看，政府机构普遍实现了办公设备的更新换代，配备了高性能计算机、稳定的网络设备等，确保了政府内部运行的顺畅。从软件层面来看，各级政府均推动了电子政务系统的建设和完善，包括办公自动化系统、政务信息公开平台、在线办事服务平台等，实现了政务服务的电子化、网络化。

同时，政府数字化转型还注重数字化基础设施的互联互通和资源共享。通过建设统一的政务云平台，各级政府实现了数据资源的集中存储和共享交换，打破了信息孤岛，提高了数据资源的利用效率。政府还积极推动与企业、社会组织的合作，利用商业云计算资源，构建了更加灵活、可扩展的政务信息化体系。

在数字化基础设施的建设过程中，政府还注重技术的创新和应用。例如，通过引入大数据、人工智能等先进技术，政府实现了对海量数据的挖掘和分析，提高了决策的科学性和精准性。同时，政府还推动了移动政务服务的发展，通过手机App、微信公众号等方式，为公众提供了更加便捷、高效的政务服务。

（二）政务服务的在线化

政务服务的在线化是政府数字化转型的核心内容之一，旨在通过信息技术的运用，打破传统政务服务的时间和空间限制，提供更加便捷、高效的服务，以满足公众对高效透明政府的需求。

在线化政务服务以互联网和移动互联网为基础，实现了政务服务的电子化、网络化。各级政府通过建设网上办事大厅、政务服务App、微信公众号等平台，将政务服务延伸到线上，使公众可以随时随地进行业务咨询、申请、办理等操作。这不仅极大地方便了公众，减少了办事成本和时间，也提高了政府服务的效率和透明度。

通过建设统一的政务数据平台，各级政府实现了数据的集中存储和共享交换，打破了信息孤岛，提高了数据资源的利用效率。公众可以通过在线平台查询政府数据，了解政策动态、社会热点等信息，增强了政府决策的透明度和公信力。

通过在线平台，公众可以及时反馈问题、提出建议，政府可以及时了解公众需求、回应关切，形成了更加紧密、有效的政民互动机制。这不仅提高了政府的决策水平和治理能力，还增强了公众对政府的信任和支持。

（三）数据的开放与共享

在数字经济时代，数据的开放与共享已成为推动政府治理现代化的重要手段。数据的开放意味着政府将掌握的数据资源向公众、企业和社会组织开放，促进数据的流通和应用；而数据的共享则是指政府部门之间、政府与社会之间实现数据的互联互通，提高数据资源的利用效率。这两者共同构成了数字政府建设的重要支柱，对于提升政府服务效能、推动经济发展和社会进步具有重要意义。

数据的开放与共享有助于提升政府决策的科学性和透明度。通过开放和共享数据，政府可以汇聚各方面的信息和智慧，为决策提供全面、准确的数据支持。同时，公众也可以通过获取和利用这些数据，更好地了解政府决策的依据和过程，增强对政府决策的信任和支持。

数据的开放与共享有助于推动经济发展和创新。数据作为一种新型生产要素，其开放和共享可以激发市场活力和创造力，促进新兴产业的发展和传统产业的转型升级。同时，数据的开放和共享也有助于企业降低运营成本、提高生产效率、创新商业模式，推动经济的高质量发展。

数据的开放与共享还有助于提升社会治理能力，通过开放和共享数据，政府可以更好地掌握社会动态和民生需求，及时发现和解决社会问题。同时，公众也可以通过获取和利用这些数据，更好地参与社会事务的管理和监督，提升社会治理的民主化、科学化水平。

（四）数字化治理能力的提升

随着信息技术的深入应用，数字化治理已成为现代政府治理的重要特征。数字化治理能力的提升，不仅意味着政府运用数字技术提高了治理效能，更代表着政府的治理理念、治理方式和治理能力的全面升级。

数字化治理能力的提升，首先体现在政府决策的科学化和精准化上。通过大数据、人工智能等技术的应用，政府能够实现对海量数据的收集、分析和挖掘，为决策提供更为全面、准确的信息支持。这不仅提高了决策的科学性，也使得决策更加精准，能够更好地满足公众需求。

数字化治理能力的提升还体现在政府服务的高效化和便捷化上，通过数字化转型，政府服务实现了线上化、智能化，公众可以通过网络、移动应用等渠道随时随地进行业务办理、信息查询等操作，大大提高了政府服务的效率和便捷性。同时，数字化治理也推动了政府服务的个性化和定制化，更好地满足了公众的多样化需求。

数字化治理能力的提升还体现在政府对社会问题的快速响应和处理能力上，通过数字技术，政府可以实时监测社会动态，及时发现和处理社会问题。这不仅能够提高政府的应对能力，也能够增强公众对政府的信任和满意度。

三、政府数字化转型面临的挑战

（一）信息安全风险

随着政府数字化转型的深入推进，信息安全风险日益凸显，成为制约政府数字化转型健康发展的重要因素。信息安全风险主要来自技术漏洞、人为因素、外部威胁等多个方面，严重威胁着政府数字化转型的顺利进行。

在数字化转型过程中，政府需要依赖各种信息技术和系统来支撑业务运行和提供服务。然而，这些技术和系统本身可能存在漏洞和缺陷，容易被黑客、病毒等恶意攻击者利用，导致数据泄露、系统瘫痪等严重后果。随着技术的不断更新换代，新的漏洞和威胁也不断涌现，给政府信息安全带来了极大的挑战。

在政府数字化转型的过程中，人员的操作和管理对于信息安全至关重要。如果人员安全意识薄弱、操作不规范将会导致信息泄露、误操作等事件发生。内部人员的恶意行为或疏忽也可能给政府信息安全带来严重威胁。

随着网络空间的不断扩展和复杂化,黑客组织、恐怖分子等恶意势力也在不断增加,他们可能利用政府数字化转型中的漏洞和缺陷,对政府信息系统进行攻击和破坏,以达到窃取机密、破坏稳定等目的。

(二)技术型人才短缺

在政府数字化转型的过程中,技术与人才的短缺成为一个不可忽视的挑战。数字化转型不仅要求政府具备先进的技术支持,还需要拥有一支具备数字化技能和知识的人才队伍。然而,现实情况却是技术与人才的供给远不能满足政府数字化转型的需求。

在技术短缺方面,尽管近年来信息技术飞速发展,政府在数字化转型过程中仍然面临着技术滞后的问题。一方面,有的政府机构的信息化基础设施尚不完善,难以支撑数字化转型的需求;另一方面,有的政府机构在技术应用上缺乏创新,仍停留在传统的信息技术应用模式上,难以适应数字化转型的发展趋势。随着新技术的不断涌现,更新和升级技术体系,适应数字化转型的新要求已迫在眉睫。

在人才短缺方面,政府数字化转型需要具备数字化技能和知识的人才队伍。然而,目前有的政府机构中具备数字化技能和知识的人才相对较少,有的人员缺乏相关的技能和经验。这导致了政府机构在数字化转型过程中难以有效地推进各项任务,也难以充分利用数字化技术的优势来提高工作效率和服务质量。同时,政府机构在人才选拔和培养上也存在一定的局限性,这进一步加剧了人才短缺的问题。

(三)跨部门协同难题

在政府数字化转型的过程中,跨部门协同成为一个突出的难题。由于政府部门间存在职能划分、信息孤岛等因素,在数字化转型过程中难以实现有效的协同合作。这不仅影响了数字化转型的推进速度,还可能导致资源浪费、重复建设等问题。

政府部门间存在职能划分,不同部门在数字化转型中的职责和角色不明确,容易导致工作重复和资源浪费。例如,在推进政务服务数字化转型时,不同部门可能各自为政,开发相似的服务系统,导致用户在使用时需要多次注册、登录,降低了用户使用效率。

信息孤岛现象普遍存在于政府部门间。历史原因和部门间的信息壁垒导致数据难以实现共享和互通。这使得政府在数字化转型过程中难以获取全面、准确的数据支持,影响了决策的科学性和精准性。同时,信息孤岛还可能导致部门间在应对突发事件时缺乏协同作战的能力,影响了政府的应急响应效率。

第二节 数字经济发展的智慧政务

一、智慧政务概述

(一)智慧政务在数字经济发展中的重要性

在数字经济迅猛发展的背景下,智慧政务的建设尤为重要。智慧政务不仅代表了政府治理方式的一次深刻变革,更是推动数字经济与实体经济深度融合的关键所在。通过运用大数据、云计算、人工智能等先进技术,智慧政务能够显著提升政府决策的科学性、服务的便捷性和监管的有效性,进而推动数字经济的快速发展。

具体而言,智慧政务能够助力政府精准把握经济发展趋势,优化资源配置,提高政策制定的精准性和时效性。同时,智慧政务还能推动政府服务向移动化、智能化、个性化方向发展,满足公众日益增长的多元化需求。智慧政务在促进数据共享、打破信息孤岛、提升政府透明度等方面也具有显著作用,有助于构建更加高效、透明、公正的政府形象。

(二)智慧政务的定义与内涵

智慧政务,顾名思义,是借助现代信息通信技术,特别是大数据、云计算、人工智能等技术手段,实现政府治理和公共服务的智能化、高效化和便捷化。其定义不仅涵盖了技术层面的应用,更体现了政府治理理念的创新和服务模式的转变。

智慧政务的内涵十分丰富,它要求政府在日常工作中充分利用数字化、网络化、智能化等技术手段,提升政务服务的响应速度和服务质量,实现政府决策的科学化、精细化和动态化。同时,智慧政务也强调政府数据的共享与开放,打破信息孤岛,促进信息资源的有效利用。智慧政务还注重公众参与和互动,通过线上线下相结合的方式,增强政府与公众的沟通与联系,提高政府工作的透明度和公信力。①

(三) 全球电子政务发展概况

全球电子政务发展概况显示出持续向前的积极趋势,各国在电子政务领域不断取得新的进展。根据最新的报告,全球电子政务发展指数(E-Government Development Index,EGDI)的平均值从2020年的0.5988提升至2022年的0.6102,全球电子政务整体水平稳步提升。

这一进步体现在各个水平组的国家数量变化上。特别是"非常高"水平组的国家数量不断增多,达到60个国家,占联合国会员国的31%,显示出电子政务的高水平发展已经具备一定的全球性基础。同时,"高"水平组的国家也增加到38%,表明越来越多的国家正在向电子政务的高级阶段迈进。

相比之下,"中等"水平组和"低"水平组的国家数量则分别降低到27%和4%,这进一步证明了全球电子政务发展的普遍提升。这种趋势不仅反映了各国政府对电子政务的重视和投入,也体现了信息技术在全球范围内的普及和应用。

值得一提的是,中国的电子政务发展指数在全球范围内属于"非常高"级别组,并且与2020年相比前进了2位,达到了历年来的最高水平。这充分展示了中国在电子政务领域的卓越成就和持续努力。

从区域发展的角度来看,除大洋洲外,其他所有地区的平均电子政务发展指数都有所提高。这表明全球电子政务的发展正在呈现全面开花的态势。其中,欧洲仍然是电子政务发展的领军者,其电子政务发展指数平均值为0.8305,远高于其他地区。这主要得益于欧洲国家在信息技术、政府管理和公共服务等方面的先进理念和实践。

与此同时,亚洲的电子政务发展指数平均值为0.6493,美洲为

---
① 申雅琛. 数字经济理论与实践[M]. 长春:吉林人民出版社, 2022.

0.6438，均表现出不俗的发展势头。特别是亚洲，作为电子政务发展指数得分提高的国家占比最高的地区（51%），其发展中国家数字化能力的增长态势尤为明显。这既体现了亚洲国家在信息技术应用和创新方面的活力，也反映了亚洲各国政府对电子政务发展的高度重视和积极推动。

二、智慧政务的关键技术与应用

（一）大数据技术与应用

大数据技术在智慧政务中发挥着至关重要的作用。通过大数据的采集、整合、分析和挖掘，政府能够更深入地了解社会、经济和民生的各个方面，为政策制定提供更为科学、精准的依据。在智慧政务领域，大数据技术应用主要体现在以下几个方面。

大数据技术助力政府实现数据资源的全面整合。借助大数据平台，政府能够将分散在各个部门、机构的数据进行集中管理，打破信息孤岛，实现数据的共享与互通。这不仅提高了政府数据资源的利用效率，也为公众提供了更加便捷、高效的服务。

大数据分析为政府决策提供了有力支持。通过对海量数据的深度挖掘和分析，政府能够洞察社会经济发展趋势，预测未来走向，为政策制定提供更加科学、精准的决策依据。同时，大数据还能帮助政府及时发现和解决问题，提高政府治理的效率和水平。

大数据技术在公共服务领域也发挥着重要作用。政府可以通过大数据分析，了解公众需求，提供更加个性化、精准化的公共服务。例如，通过对教育、医疗、交通等领域的数据进行分析，政府可以优化资源配置，提高服务效率和质量，满足公众多样化的需求。

（二）云计算技术与应用

云计算为政府提供了强大的计算能力和存储空间，支持海量数据的处理和分析。通过云计算平台，政府能够轻松应对数据量的快速增长，实现数据的快速存储和高效处理，为政府决策提供有力支持。

通过云计算技术，政府可以将各类政务服务进行集中管理和部署，确保服务的标准化和一致性。这不仅提高了政务服务的效率和质量，也降低了政府运营成本。

通过云计算平台，政府可以根据实际需求快速调整资源配置，实现政务服务的快速部署和灵活扩展。这有助于政府快速响应社会变化和公众需求，提升政府治理和公共服务水平。

（三）人工智能与机器学习

人工智能与机器学习是智慧政务领域中的两大关键技术，它们共同为政府决策、公共服务以及治理能力的提升注入了新的活力。以下将分别阐述这两项技术在智慧政务中的应用与价值。

模拟人类的思维和行为，人工智能技术能够自动化地处理和分析大量数据，为政府提供决策支持和公共服务。例如，在政务服务中，人工智能技术可以实现智能问答、智能推荐等功能，提高服务效率和质量；同时，人工智能技术还可以应用于政策制定中，通过预测模型分析社会经济趋势，为政府提供科学依据；人工智能技术还可以辅助政府进行风险评估和预警，提高政府应对突发事件的能力。

机器学习技术是人工智能的重要组成部分，为智慧政务提供了强大的数据分析和预测能力。机器学习算法能够自动从数据中学习并提取有用的信息，不断优化自身的预测和决策能力。在智慧政务中，机器学习技术可以应用于多个领域。例如，在交通管理中，机器学习算法可以分析交通流量和路况数据，预测交通拥堵情况，为政府制定交通政策提供依据。在公共安全领域，机器学习技术可以构建犯罪预测模型，帮助政府预防犯罪行为的发生。机器学习还可以应用于医疗、教育等领域，提高公共服务的精准性和效率。

构建智能政务系统，政府可以实现对各项工作的自动化管理和优化。这些系统能够自动分析数据、预测趋势、提出优化建议等，为政府决策提供全面、科学、高效的支持。同时，随着技术的不断进步和应用需求的不断变化，人工智能与机器学习技术将在智慧政务中发挥更加重要的作用，推动政府治理能力和公共服务水平的不断提升。

（四）物联网与传感器技术

物联网技术通过连接各种智能设备和系统，实现了信息的全面感知和互联互通。在智慧政务中,物联网技术可以应用于各个领域,如交通管理、公共安全、环境保护等。通过部署各种传感器和智能设备,政府能够实时获取各种数据,如交通流量、空气质量、公共安全事件等,从而实现对城市运行状态的全面感知和监控。这为政府决策提供了更加准确、全面的数据支持,有助于政府更好地了解城市运行状态,及时发现问题并采取相应的措施。

传感器能够感知和测量各种物理量、化学量等,如温度、湿度、压力、光照等,并将这些数据转换为电信号或数字信号,供后续处理和分析。在智慧政务中,各种传感器被广泛应用于各个场景,如环境监测、交通管理、公共安全等。通过部署各种传感器,政府能够实时获取各种关键数据,如空气质量、交通流量、公共安全事件等,从而实现对城市运行状态的实时监控和预警。这为政府决策提供了更加准确、实时的数据支持,有助于政府更好地应对各种突发事件和问题。

随着物联网与传感器技术应用,政府可以实现业务流程的自动化和智能化,提高工作效率和质量。同时,这些技术还可以促进政府数据的共享和互通,打破信息孤岛,提高政府数据资源的利用效率。这为公众提供了更加便捷、高效的服务体验,也有助于增强政府的公信力和良好形象。

随着物联网与传感器技术的不断发展和应用需求的不断扩展,它们在智慧政务中的应用将更加广泛和深入。未来,可以期待更多的创新应用出现,如智能交通、智能环保、智能公共安全等,这些应用将进一步提升政府治理能力和公共服务水平,推动智慧政务的发展。

(五)区块链技术

"区块链+"在民生领域的应用场景远不止于此,理论上所有需要信任、价值、协作的民生服务都可以通过区块链技术提供完善方案,如证件办理、业务办理、医药费和发票报销、公积金管理等。区块链技术在智慧政务中的应用前景广阔,其去中心化、不可篡改、高度安全等特性为政府治理和公共服务带来了诸多创新和优化。

在传统的政务数据管理中,由于数据分散、信息孤岛等问题,数据共享和互通一直是个大难题。而区块链技术的去中心化特性，使得各个政府部门可以将数据存储在分布式的区块链网络中，实现数据的共享和互通。同时，区块链的不可篡改性保证了数据的真实性和可信度，有效避免了数据被篡改或伪造的风险。这不仅提高了政府数据管理的效率和安全性，也为公众提供了更加便捷、高效的服务。

区块链技术可以优化政府业务流程，提高政务效率。在传统的政务流程中，由于需要多个部门之间的协作和审核，流程烦琐、效率低下。而区块链技术的智能合约功能可以实现政务流程的自动化和智能化处理，减少人工干预和烦琐的审核环节，提高政务效率。例如，在证件办理、业务办理等领域，通过智能合约可以自动验证申请人的身份和资格，自动完成审批和发放流程，大幅缩短办理时间，提高办事效率。

在传统的政务治理中，由于信息不对称、不透明等问题，容易导致腐败和不公现象。而区块链技术的公开透明特性，使得政务数据和信息可以被公众随时查看和验证，有效避免了信息被篡改或隐瞒的风险。这增强了政府治理的透明度和公信力，提高了公众对政府的信任度和满意度。

在医药费和发票报销、公积金管理等领域，区块链技术同样可以发挥重要作用。区块链的去中心化、不可篡改等特性，可以有效防止医药费和发票报销中的欺诈和虚假行为，保证报销的真实性和合法性。同时，公积金管理也可以通过区块链技术实现自动化、智能化的处理，减少人工干预和烦琐的审核环节，提高管理效率和安全性。

三、智慧政务的实践与创新

（一）电子政务与移动政务的推进

电子政务与移动政务的推进是智慧政务实践与创新的重要组成部分，它们为政府提供了更加便捷、高效的服务方式，也为公众带来了更加优质的政务服务体验。随着信息技术的快速发展和普及，电子政务与移动政务已经成为现代政府治理的必然趋势。

在电子政务方面，政府通过建设各级政务网站、政务服务平台等，实现了政务服务的在线化、网络化。公众可以通过计算机、手机等设备随时随地访问政务网站或平台，获取政策信息、办理业务、查询进度等。这种服务模式不仅大大节省了公众的时间和精力，也提高了政府的工作效率和服务质量。同时，电子政务还推动了政府数据的共享和开放，促进了政务信息的透明化和公开化，增强了政府的公信力和形象。

在移动政务方面，政府通过开发移动应用、微信公众号等方式，将政务服务延伸到移动设备上，实现了政务服务的随时随地化。公众可以通过手机等移动设备随时随地访问政务服务，查询政策信息、办理业务、支付费用等。这种服务模式更加符合公众的生活习惯和需求，提高了政务服务的便捷性和灵活性。同时，移动政务还推动了政府服务的个性化和智能化，为公众提供了更加个性化、精准化的服务体验。

（二）"互联网+政务服务"模式的探索与实践

"互联网+政务服务"模式的探索与实践，是智慧政务发展的重要里程碑。这一模式将互联网技术与政务服务紧密结合，通过信息化手段推动政府服务的流程优化和效能提升，实现了政务服务的便捷化、智能化和个性化。

在"互联网+政务服务"模式下，政府利用云计算、大数据、人工智能等先进技术，构建线上政务服务平台，为公众提供一站式、全天候的在线服务。公众只需通过计算机或手机等设备，即可轻松获取各类政务信息、办理业务、查询进度等，大幅提升了政务服务的便利性和效率。

同时，"互联网+政务服务"模式还推动了政府数据的共享和互通。政府各部门间实现数据的整合与共享，能够更加全面、准确地了解公众需求，提供更加精准、个性化的服务。该模式还促进了政府决策的科学化和民主化，通过大数据分析等手段，政府能够更加准确地把握社会经济发展趋势，为制定政策提供更加科学的依据。

在探索"互联网+政务服务"模式的过程中，还应注重加强安全保障措施，确保政务服务的稳定性和安全性。通过采用先进的信息安全技术和严格的管理措施，政府有效防范了信息泄露、网络攻击等风险，为公众提供了安全可靠的政务服务环境。

（三）智慧城市建设与政务服务的融合

智慧城市建设与政务服务的融合，是推动智慧政务向纵深发展的关键举措。智慧城市通过集成应用物联网、云计算、大数据等新一代信息技术构建一个高效、便捷、智能的城市运行体系，而政务服务作为城市治理的重要组成部分，其与智慧城市的融合将进一步提升政府服务效能和市民生活品质。

在智慧城市建设的过程中，政府将政务服务深度融入其中，通过建设智慧政务平台、推进数据共享、优化服务流程等手段，实现了政务服务与城市管理的有机结合。这种融合不仅提升了政府服务的智能化水平，也推动了城市管理的精细化、科学化。具体来说，智慧城市建设为政务服务提供了更加丰富的应用场景。例如，通过智能交通系统，政府可以实时掌握城市交通状况，为公众提供准确的交通信息；通过智慧环保系统，政府可以实时监测环境质量，及时发布预警信息，保障市民的生态环境安全。这些智慧化的应用场景不仅提高了政府服务的效率和质量，也为市民带来了更加便捷、舒适的生活体验。同时，智慧城市建设与政务服务的融合还促进了政府数据的共享和开放。在智慧城市框架下，政府各部门之间实现了数据的互联互通和共享应用。这不仅提高了政府决策的科学性和透明度，也为市民提供了更加个性化、精准化的服务。

（四）政务服务的个性化与定制化

政务服务的个性化与定制化是智慧政务发展的又一重要方向，旨在更好地满足公众多元化、差异化的服务需求。在信息技术迅速发展的今天，政府通过运用大数据、人工智能等先进技术，对政务服务进行深度挖掘和精准分析，从而实现服务的个性化和定制化。

个性化政务服务意味着政府能够根据不同公众的特点和需求，提供有针对性的服务。例如，政府可以通过分析公众的行为数据、偏好信息等，为其推送个性化的政策解读、业务办理指南等，使服务更加贴近公众实际需求。政府还可以根据公众的年龄、职业、地域等特征，提供差异化的服务内容和方式，确保服务更加精准有效。

定制化政务服务则强调政府根据公众的具体需求，提供量身定做的服务方案。政府可以通过与公众进行互动沟通，了解其实际需求和期望，然后结合政策规定和业务流程，为公众定制个性化的服务流程、服务时间等。这种定制化服务不仅提高了政务服务的灵活性和便捷性，也增强了公众对政务服务的满意度和信任度。

在推动政务服务的个性化和定制化过程中，还需要注重保护公众隐私和数据安全。通过加强信息安全管理和隐私保护措施，政府可以确保公众个人信息不被滥用或泄露，为公众提供更加安全可靠的政务服务环境。

（五）政务数据开放与共享的创新实践

政务数据开放与共享的创新实践是智慧政务建设的核心环节，对于提升政府治理能力和公共服务水平具有重要意义。通过创新实践，政府逐步打破数据孤岛，推动数据资源的互联互通和高效利用，实现了政务数据从封闭到开放、从独享到共享的转变。

在创新实践中，政府采取了一系列有力措施，如建立健全数据共享机制，明确数据共享的责任、权利和义务，为数据开放与共享提供制度保障；推动数据标准化建设，制定统一的数据标准和规范，确保数据的准确性和可比性；同时，加强数据安全管理，采用先进的信息技术手段，确保政务数据在开放与共享过程中的安全性和可控性。

通过创新实践，政务数据的开放与共享取得了显著成效。一方面，政府各部门之间的数据资源实现互联互通，为政策制定和公共服务提供了有力支撑；另一方面，政务数据的开放与共享促进了社会创新和经济发展，为企业创新、学术研究和社会治理提供了丰富的数据资源。

四、智慧政务面临的挑战与对策

（一）信息安全与隐私保护问题

信息安全与隐私保护问题是智慧政务发展中面临的重要挑战之一，由于政务数据的大规模集成和共享，信息泄露、非法访问等安全风险也随之增加，公众的个人隐私面临严重威胁。为了应对这些挑战，政府需要采取一系列对策。

信息安全与隐私保护问题是智慧政务面临的一大严峻挑战，在智慧政务的推进过程中，政务数据的大规模集成和共享使得信息泄露、非法访问等风险显著增加。公众在享受便捷服务的同时，也面临着前所未有的隐私安全威胁。随着技术的不断进步，新型网络攻击手段层出不穷，给政务信息安全带来了更大的压力。如何在提供高效服务的同时，确保信息安全和公众隐私不被侵犯，成为智慧政务发展中亟待解决的重要问题。这一挑战要求政府及相关部门在推进智慧政务时，必须高度重视信息安全与隐私保护工作，采取切实有效的措施来应对潜在的安全风险，确保公众的个人信息安全和隐私权益得到充分保障。

（二）技术更新与人才短缺问题

技术更新问题表现为智慧政务建设中不断涌现的新技术、新应用要求政府部门不断适应和掌握。然而，政府部门在技术应用方面的更新速度往往受到传统管理体制和思维惯性的制约，导致新技术、新应用难以快速落地生效。新技术的不断涌现也意味着政府部门需要不断学习和掌握新的知识和技能，这对于政府部门的工作人员来说是一个巨大的挑战。如果政府部门无法跟上技术更新的步伐，就可能导致智慧政务建设滞后于社会发展和公众需求。

智慧政务建设需要一支既懂技术又懂业务的专业人才队伍来支撑。然而，目前政府部门在信息技术方面的专业人才储备并不充足，尤其是缺乏具备高度专业素养和丰富实践经验的复合型人才。政府部门在人才引进和培养方面也面临着诸多困难，如人才流动机制不灵活、激励机制不完善等，这些都制约了政府部门在智慧政务建设中的人才保障能力。

技术更新与人才短缺问题的存在，使得智慧政务建设面临着一系列困境和挑战。政府部门需要在推进智慧政务建设的同时，积极应对这些挑战，通过加强技术创新和人才培养等措施，不断提升自身的技术水平和人才储备能力，以确保智慧政务建设的顺利推进和可持续发展。

（三）部门协同与资源整合难题

在部门协同方面，由于长期以来形成的条块分割管理体制，各部门往往以自身利益为重,缺乏协同合作的意识和动力。这导致智慧政务在推进过程中,各部门在数据共享、业务流程对接等方面存在明显的协同难题。部门间缺乏有效的信息共享机制和沟通平台,使得政务信息难以在各部门间流通和整合,进一步加剧了协同难度。这种部门协同难题不仅影响了政务服务的效率和质量,也阻碍了智慧政务的整体推进。

在资源整合方面,智慧政务建设涉及众多领域和部门,需要整合各类政务资源以形成合力。然而,在实际操作中,由于资源分散在不同部门和地区,缺乏有效的整合机制,资源浪费和重复建设的现象屡见不鲜。同时,由于缺乏统一的数据标准和规范,不同部门和地区的数据难以进行有效对接和整合,使得资源整合的难度加大。一些部门在资源整合过程中存在抵触心理,不愿意将自己的资源与其他部门共享,这也增加了资源整合的难度。这种资源整合难题不仅浪费了宝贵的财政资源,也制约了智慧政务的创新发展。

(四)法律法规与政策环境还需进一步完善

在智慧政务的发展过程中,法律法规与政策环境还有待完善成为一个显著的问题。

现行的法律法规体系如果能全面覆盖智慧政务的各个领域和环节,一些创新实践就有了明确的法律指导。例如,关于政务数据共享、隐私保护、网络安全等方面的法律条文尚不完备,无法为智慧政务的深入发展提供坚实的法律保障。

政策环境如果不稳定也给智慧政务的发展带来了不确定性。政策频繁调整或缺乏连贯性,可能导致智慧政务项目中途夭折或无法持续推进。如有发生不同政策之间的衔接和协调问题,也将给智慧政务的实践带来一定的困扰。

法律法规与政策环境的更新速度如果先行于智慧政务的发展,适应新技术不断涌现和应用场景拓展需求,就能加快智慧政务的创新步伐,有效防范和化解一些潜在的法律风险。

法律法规与政策环境需要进一步完善的方面还有执行力度不够和监管机制不健全等,一些地方政府在推进智慧政务时,可能存在有法不依、执法不严的情况,导致法律法规形同虚设。同时,监管机制的缺失或不完善也可能导致智慧政务项目在实施过程中出现偏差或违规行为。

五、智慧政务的未来发展趋势

(一)数字化、网络化、智能化的融合发展

智慧政务的未来发展趋势将表现为数字化、网络化、智能化的融合发展。随着信息技术的不断进步,政务服务将实现更深层次的数字化转型,从传统的纸质办公逐步向全流程数字化转变。政府部门将充分利用大数据、云计算、人工智能等先进技术,实现政务数据的智能分析和决策支持,提高政策制定的科学性和精准性。同时,网络技术的普及和应用将进一步推动政务服务的网络化,实现线上线下一体化服务,提高政务服务的便捷性和普惠性。智能化的政务服务将基于用户画像和个性化需求,提供更加智能、精准的服务体验,满足公众多样化的需求。

(二)智慧政务与智慧城市、智慧社会的协同演进

智慧政务作为智慧城市和智慧社会的重要组成部分,将与它们实现协同演进,共同推动城市的整体智能化发展。在未来,智慧政务将与智慧城市在基础设施建设、数据资源共享、应用场景拓展等方面实现深度融合,共同构建高效、便捷、安全的城市运行体系。同时,智慧政务将与智慧社会在公共服务、社会治理、文化教育等领域实现协同发展,共同推动社会的全面智能化进步。这种协同演进将促进智慧政务在更广泛的范围内发挥作用,提高政府治理的效能和水平,为公众提供更加优质的公共服务。

(三)全球视野下的智慧政务合作与交流

在全球化的背景下,智慧政务的合作与交流正成为各国政府共同关注的重要议题。未来,智慧政务将不仅局限于某一国家或地区,而是将扩展到全球范围,形成跨国界的智慧政务合作体系。各国政府将积极分享智慧政务建设的成功经验,共同应对面临的挑战,推动全球智慧政务的协同发展。同时,国际的智慧政务交流也将更加频繁,通过举办国际会议、开展合作项目、互派访问学者等方式,促进智慧政务理念、技术

和模式的创新与融合。这种全球视野下的智慧政务合作与交流，将为各国政府提供宝贵的借鉴和启示，推动全球智慧政务建设迈向更高水平，共同构建人类命运共同体。

第三节　数据治理中的若干法律问题

一、数据治理

（一）数据治理的重要性

在数字化时代，数据被誉为"新石油"，其价值日益凸显。数据不仅是企业决策、创新发展的核心资源，也是国家竞争力的重要体现。然而，数据的爆炸式增长、跨境流动和多样化应用，也带来了诸多挑战，如数据所有权与使用权的界定、数据保护与隐私权的平衡、数据安全与法律责任的划分等。因此，数据治理尤为重要。

（二）法律在数据治理中的关键作用

法律在数据治理中发挥着至关重要的作用，它不仅是数据治理的基石，更是保障数据安全、维护隐私权益、促进数据流通与共享的关键力量。在数字化快速发展的今天，数据治理面临着前所未有的挑战，而法律的存在为这些挑战提供了有力的应对手段。

法律通过制定明确的规则和标准，为数据治理提供了清晰的指导和依据。它明确了数据的所有权、使用权、流通权等核心问题，规范了数据的行为边界，使得数据治理能够在法律的框架内进行，有效避免了数据滥用和侵犯权益的行为。

法律在保障数据安全与隐私权益方面发挥着不可替代的作用，应制定严格的数据保护法律和隐私权益保护法规。法律要求企业和机构加强数据安全防护，确保个人数据不被非法获取和滥用。同时，法律还赋予了个人对其数据的控制权，保护了个人隐私不受侵犯，维护了社会公正和稳定。

法律也促进了数据的流通与共享。在数据治理中，数据的流通和共享是推动数据价值最大化的重要手段。然而，数据的流通和共享往往涉及不同主体之间的利益平衡。法律通过制定数据共享和交换的规则和标准，促进了数据的合法流通和共享，推动了数据的创新应用和社会经济发展。①

同时，法律还为数据治理提供了法律救济和追责机制。当数据权益受到侵害时，受害者可以依法向法院提起诉讼，要求侵权者承担相应的法律责任。这种法律救济和追责机制不仅保护了受害者的权益，也维护了数据治理的秩序和公信力，确保了数据治理的有效实施。

在国际层面，法律也发挥着重要的作用。随着数据的跨境流动和国际合作的不断增多，法律通过参与国际条约的制定和实施，推动各国在数据治理领域的合作与协调。这种国际化合作不仅有助于解决数据治理中的全球性问题，也促进了数据的全球流通和利用，推动了全球数字经济的繁荣发展。

二、数据所有权与使用权

（一）数据所有权的定义与归属

数据所有权是指对数据资源的支配、使用、收益和处分的权利，它是数据治理的核心问题之一。在数字化时代，数据所有权的概念远比传统意义上的物质资产所有权复杂。数据的无形性、易复制性和流动性等特点，使得数据所有权的定义与归属变得模糊而复杂。

数据所有权的定义需要考虑数据的来源和性质，个人数据（如个人信息、健康记录等）通常应归属于个人，因为这些数据直接关涉个人的隐私和权益；而企业数据（如经营数据、客户信息等）则可能归属于企业，因为这些数据是企业运营和发展的重要资产；还有公共数据、研究数据等不同类型的数据，它们的所有权归属也需要根据具体情况进行界定。

数据所有权的归属问题涉及多个利益方之间的权益平衡。在个人数

---

① 马骏，袁东明，马源. 数字经济制度创新[M]. 北京：中国发展出版社，2022.

据方面，随着人们对隐私权益的重视和数据保护法律的完善，个人对其数据的所有权逐渐得到认可和保护；在企业数据方面，则需要平衡企业的数据权益与员工的隐私权益之间的关系；在公共数据和研究数据方面，需要确保数据的公共性和开放性，同时保护数据提供者的合法权益。

数据所有权的归属问题还受到技术、政策和法律等多重因素的影响。技术的发展使得数据的收集、处理和分析变得更加容易，但同时也增加了数据所有权归属的复杂性。政策的引导和法律的规范对数据所有权的归属问题起到了决定性的作用。例如，一些国家通过立法明确规定了个人对其数据的所有权，并赋予了数据主体对数据的控制权。

（二）数据使用权的分配与限制

数据使用权是指在不侵犯数据所有权的前提下，对数据进行使用、处理、分析和传播的权利。在数据治理中，数据使用权的分配与限制至关重要，它关乎数据的安全、隐私保护，以及数据价值的最大化利用。

数据使用权的分配应遵循公平、合理和透明的原则。企业、研究机构和个人等数据使用者应在遵守法律法规的前提下，根据自身需求和合理目的获得相应的数据使用权。同时，数据所有者也应在保护自身权益的前提下，合理授权他人使用其数据。这种双向的、有约束的数据使用权分配有助于平衡数据所有者和使用者之间的权益关系。

然而，数据使用权的分配并非无限制。在保障个人隐私权益和公共安全的前提下，应对数据使用权进行合理的限制。例如，对于涉及个人隐私和敏感信息的数据，应严格限制其使用目的和范围，避免数据滥用和泄露。同时，对于涉及国家安全和经济利益的重要数据，也应加强监管和审查，确保数据的安全和可控。

随着技术的发展和数据应用的深入，数据使用权的分配与限制也应与时俱进。例如，在人工智能、大数据等新技术应用中，应明确数据使用权的归属和使用规则，避免数据被滥用或侵犯。同时，也应加强数据使用权的监管和追责机制，确保数据使用的合法性和合规性。

三、数据保护与隐私权益

(一) 数据保护的法律框架与标准

数据保护的法律框架与标准是确保个人数据安全和隐私权益不被侵犯的重要保障。在全球范围内,多个国家和地区已经制定了相关的数据保护法律和标准,如欧盟的《通用数据保护条例》(General Data Protection Regulation,GDPR) 和我国的《中华人民共和国个人信息保护法》等。这些法律和标准对数据收集、处理、存储和传输等各个环节提出了明确要求,规定了数据主体的权益、数据控制者的责任以及违规行为的处罚措施。

在法律框架方面,这些法律和标准确立了数据保护的基本原则,如合法性、正当性、必要性原则,要求数据处理活动必须符合法律规定,并且必须有明确的合法目的和充分的正当性。同时,数据主体享有知情权、同意权、访问权、更正权、删除权等多项权益,数据控制者则有义务保护数据的安全、保密和完整性。

在标准方面,这些法律和标准还提出了具体的技术和管理要求,如数据加密、匿名化处理、访问控制等,以确保数据在传输和存储过程中的安全性。同时,对于涉及敏感信息的数据处理活动,法律和标准还规定了更加严格的限制和监管措施。

(二) 隐私权的法律保护与实践

隐私权的法律保护与实践是维护个人信息安全与尊严的关键环节。隐私权作为基本人权之一,在现代社会越发受到重视。在法律保护方面,各国纷纷制定和完善隐私保护法律,如欧盟的GDPR和我国的《中华人民共和国个人信息保护法》,明确规定了个人隐私的权益边界和保护措施。这些法律不仅要求数据处理者遵循合法性、正当性和必要性原则,还赋予个人对其信息的知情权、同意权、访问权、更正权和删除权等。

在实践层面,隐私权保护不仅依赖于法律的制定,更需要全社会的共同努力。企业和机构应建立健全的隐私保护机制,采用先进的技术手段和管理措施,确保个人数据的合法收集、处理和存储。同时,公众也应增强隐私保护意识，了解并维护自身的隐私权益。

值得一提的是，隐私权的保护并不是绝对的，它需要在个人隐私利益与社会公共利益之间寻求平衡。在公共卫生、国家安全等特殊情况下，个人隐私可能需要受到限制。但即便是在这些情况下，也必须确保隐私权限制的合法性、正当性和必要性，并且要给予个人足够的知情权和救济途径。

四、数据安全与法律责任

（一）数据安全的法律要求与标准

数据安全的法律要求与标准是确保数据在传输、存储、处理和使用过程中不受未经授权的访问、泄露、破坏或篡改的重要保障。随着数字化进程的加速，数据安全问题日益凸显，各国政府和国际组织纷纷出台相关法律法规和标准，以规范数据处理行为，保障数据安全。

在法律要求方面，数据安全的法律框架主要涵盖数据保护、隐私权益、网络安全等多个方面。例如，欧盟的GDPR要求数据控制者采取适当的技术和组织措施，确保数据的机密性、完整性和可用性。我国的《中华人民共和国网络安全法》和《中华人民共和国个人信息保护法》也对数据的安全处理提出了明确要求，包括数据的收集、存储、传输、使用等各个环节。这些法律要求数据处理者必须遵守合法性、正当性和必要性原则，确保数据的合法性和安全性。

在标准方面，数据安全的标准主要涉及数据处理的技术和管理要求。例如，ISO/IEC 27001是被国际上广泛认可的信息安全管理体系标准，它为组织提供了建立、实施、运行、监控、审查和改进信息安全管理体系的框架和要求。还有关于数据加密、匿名化处理、访问控制等方面的具体技术标准，以确保数据在传输和存储过程中的安全性。

（二）数据安全事件的应对与法律责任

当数据安全事件发生时，及时、有效地应对措施能够减轻损失、保护数据主体的权益，并维护数据处理的合法性和公信力。同时，明确法律责任是确保数据安全事件得到妥善处理的重要保障。

在数据安全事件的应对方面，组织和个人应制定完善的数据安全应急预案。预案应包括数据安全事件的识别、报告、处置和恢复等环节，确保在事件发生时能够迅速响应。组织还应建立专门的数据安全事件应急响应团队，负责事件的监测、分析和处置工作。团队成员应具备专业的技术知识和丰富的实战经验，以便在关键时刻能够做出正确的决策和有效的应对。

同时，加强数据备份和恢复机制也是应对数据安全事件的重要手段。组织应定期备份重要数据，并确保备份数据的安全性和完整性。在数据安全事件发生时，可以迅速恢复数据，减少损失。组织还应建立数据安全事件的信息共享和协作机制，与其他组织和个人共同应对数据安全挑战。

在法律责任方面，数据安全事件的应对需要明确各方的法律责任。根据相关法律法规，数据处理者应承担数据安全保护的主要责任。当数据安全事件发生时，数据处理者应及时向相关监管部门报告，并采取必要的措施防止事件扩大和减轻损失。若数据处理者未能履行相关责任，导致数据安全事件的发生或损失扩大，应承担相应的法律责任，包括民事赔偿、行政处罚甚至刑事责任。

五、数据跨境流动与国际合作

（一）数据跨境流动的法律挑战与规定

不同国家的数据保护法规的冲突与协调是一个核心议题，尤其是在全球化背景下，数据的跨境流动日益频繁。各国基于其独特的政治、经济和文化背景，制定了各自的数据保护法律，导致了全球范围内数据保护法规的多样性。这种多样性为数据的跨境流动带来了挑战，因为企业在全球范围内运营时，需要遵守多个不同的数据保护法规，这增加了合规成本和复杂性。

例如，欧盟的GDPR强调个人数据的严格保护和赋予数据主体更多权利，而美国则更加注重数据的自由流动和利用。这种差异导致企业在处理欧盟和美国之间的数据流动时，需要同时满足两个地区的不同要求，增加了合规的难度。

（二）数据跨境流动的监管机制与合规要求

数据跨境流动的监管机制与合规要求，是确保数据在全球范围内安全、合法流动的关键环节。随着全球化和数字化进程的加速，数据的跨境流动已成为经济发展和社会进步的重要驱动力。然而，这种流动也带来了隐私泄露、数据安全风险等问题，因此，建立有效的监管机制和合规要求至关重要。

在监管机制方面，各国纷纷设立数据保护监管机构，负责监管数据的跨境流动。这些机构不仅要求企业在跨境流动数据前进行合规审查，还要求企业建立完善的数据保护机制，确保数据的安全性和隐私性。同时，监管机构还通过定期检查和执法行动，确保企业遵守相关法规，对违规行为进行处罚。

在合规要求方面，企业在跨境流动数据时，需要遵守不同国家的法律法规。这意味着企业需要了解并遵守各个国家和地区的数据保护规定，确保数据的合法性和安全性。同时，企业还需建立完善的数据保护制度，包括数据加密、匿名化处理、访问控制等措施，以防止数据泄露和滥用。

为了满足这些监管机制和合规要求，企业需要加强内部数据管理，增强员工的数据保护意识。企业还应与监管机构保持密切沟通，及时了解并遵守相关法律规定，确保数据跨境流动的合规性。

六、数据治理的法律框架与政策建议

（一）完善数据治理的法律框架

数据治理的法律框架与政策建议对于确保数据的安全、隐私和有效利用至关重要。随着大数据、人工智能等技术的迅猛发展，数据已成为社会经济发展的重要资源。因此，完善数据治理的法律框架，建立有效的监管机制，是当前亟待解决的问题。

制定或修订相关法律法规是完善数据治理法律框架的基础。各国应根据自身国情和数据治理需求，及时制定或修订相关法律法规，以适应数据治理的新形势和新要求。这些法律法规应明确数据的定义、分类、使用和保护等方面的规定，为数据处理活动提供明确的法律指引。同时，还应加强对数据泄露、滥用等违法行为的打击力度，提高违法成本，切实保护数据主体的合法权益。

建立数据治理的专门机构与监管机制是确保数据治理有效性的关键。各国应设立专门的数据保护监管机构，负责监管数据处理活动，确保数据的合法性和安全性。这些监管机构应具备独立的法律地位和充足的资源，能够有效地履行监管职责。同时，还应建立完善的监管机制，包括定期检查、专项整治、投诉处理等措施，确保监管的全面性和有效性。

（二）促进数据治理的政策建议与措施

提高数据治理的透明度和参与度是优化数据治理体系、确保数据合法使用和保护个人隐私权益的关键措施。提高透明度意味着数据处理活动应公开可见，让公众了解数据如何被收集、使用和保护，而参与度则鼓励公众、企业和其他利益相关者积极参与数据治理过程，共同推动数据治理的改进和发展。

提高数据治理的透明度，可以通过制定详细的数据处理清单和公开数据治理政策来实现。数据处理清单详细记录数据的来源、流向和使用目的，有助于公众了解数据在何时、何地、以何种方式被使用。同时，公开数据治理政策，包括数据收集、存储、处理和共享的规则和流程，能够增加公众对数据治理的信任度，促进数据的合法流动。

促进参与度则需要建立多元化的参与机制，如公开征求意见、举办研讨会、设立数据治理咨询委员会等。这些机制能够让公众、企业和其他利益相关者有机会表达意见、提出建议，从而增强数据治理的民主性和科学性。加强数据治理教育和培训，提高公众的数据素养和参与度，也是非常重要的。

提高数据治理的透明度和参与度不仅有助于保障个人隐私权益，还能促进数据的合法使用和创新应用。当公众了解并信任数据治理体系时，他们更愿意分享个人数据，支持数据的流通和利用。同时，多元化的参与机制能够汇聚各方智慧和力量，共同推动数据治理体系的完善和发展。

第四节 数字经济发展的治理创新

随着科技的飞速发展,数字经济在全球范围内呈现出爆炸性增长的态势,深刻影响着经济、社会和生活方式。它推动了生产力的巨大提升,催生了众多新业态、新模式,同时也带来了前所未有的治理挑战。

数字经济的快速发展使得数据的产生、流动和利用变得日益频繁和复杂。这些海量的数据不仅涉及个人隐私和商业机密,还关系到国家安全和社会稳定。如何在保护个人隐私和商业机密的同时,实现数据的合理流动和利用,成为数字经济治理的首要任务。

此外,数字经济的崛起也加剧了市场竞争的复杂性和不确定性。数字平台凭借其强大的数据处理能力和用户规模优势,往往容易形成市场垄断,破坏公平竞争的市场环境。如何防止数字平台的滥用行为,维护市场公平竞争秩序,成为数字经济治理的另一大挑战。

同时,网络安全问题也日益突出。随着数字技术的广泛应用,网络攻击、数据泄露等事件频发,给个人、企业和国家都带来了巨大的损失。如何加强网络安全防护,提升应对网络安全威胁的能力,成为数字经济治理的重要任务。

一、治理创新在数字经济发展中的重要性

治理创新在数字经济发展中具有举足轻重的地位。随着数字技术的飞速进步和应用范围的不断拓展,数字经济已经成为推动全球经济增长的核心动力。然而,数字经济的快速发展也带来了一系列治理挑战,如数据隐私泄露、平台垄断、网络安全威胁等。这些问题不仅影响了数字经济的健康发展,也对社会稳定和国家安全构成了潜在威胁。

治理创新在应对这些挑战中发挥着至关重要的作用。治理创新有助于建立适应数字经济特点的新型治理模式和路径。通过运用大数据、人工智能等先进技术手段,提高治理的精准性和效率,以更好地应对数字经济的复杂性和不确定性。治理创新有助于平衡各方利益诉求,促进数

字技术的合理应用。在数字经济中，不同利益相关方之间的利益诉求往往存在冲突和矛盾。通过治理创新，可以建立公正、透明、可持续的治理机制，平衡各方利益，推动数字技术的广泛应用和普及。治理创新有助于防范和化解数字经济风险挑战，为数字经济的健康发展提供有力保障。通过加强数据治理、平台治理和网络安全治理等方面的创新实践，可以及时发现和应对数字经济中的风险和挑战，保障数字经济的稳定和可持续发展。①

此外，治理创新还能推动数字经济的全球化发展。在数字经济时代，跨国数据流动和跨境业务合作变得日益频繁。通过加强国际合作和协调，可以共同应对全球范围内的治理挑战，推动数字经济的全球化发展。这不仅有助于提升我国在全球治理中的话语权和影响力，也有助于促进全球经济的繁荣和稳定。

二、数字经济治理创新的基本原则

（一）包容性原则

在数字经济快速发展的今天，各种新技术、新应用、新业态层出不穷，带来了前所未有的经济增长和社会变革。这种变革不仅带来了机遇，也带来了挑战。为了应对这些挑战，需要坚持包容性原则，确保数字经济的治理能够涵盖所有利益相关方，包括政府、企业、消费者、社会组织等。

包容性原则要求在数字经济治理中，要充分考虑各方利益诉求，平衡各方权益，确保各方能够公平参与数字经济活动。这意味着不能仅仅关注少数人或少数群体的利益，而是要确保数字经济治理的决策和规则能够反映大多数人的意愿和利益。

同时，包容性原则还要求在数字经济治理中，要鼓励和支持创新，为新技术、新应用、新业态的发展提供良好的环境和条件。这意味着不能因为害怕风险或担忧不稳定而限制或阻碍创新，而是要积极探索适应数字经济特点的新型治理模式和路径。

---

①黄奇帆，朱岩，邵平. 数字经济：内涵与路径[M]. 北京：中信出版集团，2022.

（二）透明性原则

透明性原则在数字经济治理中占据至关重要的地位。随着数据成为驱动经济发展的核心要素，确保数字经济活动的透明度变得尤为关键。透明性原则要求数字经济治理过程中的决策、规则和操作都应当是公开、清晰和可理解的，以确保公众对数字经济活动的信任和参与。

实现透明性原则，意味着要建立公开透明的数据治理机制。这包括公开数据的来源、流向和使用目的，确保公众了解数据如何被收集、处理和应用。同时，数据治理政策、规则和标准也应当公开透明，让公众了解数据治理的框架和要求。透明性原则要求数字经济治理决策过程公开透明。这意味着决策过程应当接受公众的监督，确保决策基于公开的信息和充分的讨论。同时，决策结果也应当公开，让公众了解决策的依据和结果。透明性原则还要求数字经济治理的结果和效果可衡量、可评估。这意味着需要建立科学的评估体系，对数字经济治理的效果进行定期评估，并向公众公开评估结果。这样可以让公众了解数字经济治理的实际效果，促进公众参与和监督。

（三）可持续性原则

随着数字技术的迅猛发展和广泛应用，数字经济已经成为推动经济增长和社会进步的重要力量。然而，数字经济的发展也带来了一系列环境和社会问题，如资源消耗、能源浪费、隐私泄露、数字鸿沟等。因此，在数字经济治理中，必须坚持可持续性原则，确保数字经济的发展既能够满足当前的需求，又能够保护环境和社会的可持续发展。

可持续性原则要求在数字经济治理中，要充分考虑环境和社会的可持续性，确保数字经济的发展与环境保护、社会公正和人民福祉相协调。这意味着需要制定和实施可持续的数字经济发展战略和政策，推动数字经济与实体经济深度融合，促进数字技术的广泛应用和普及，加强数字基础设施建设，提高数字经济的包容性和普惠性。可持续性原则还要求在数字经济治理中，要注重资源的节约和环境的保护。需要推广绿色数字技术，降低数字经济的能耗和排放，减少对环境的影响。同时，还需要加强对数字经济的监管和管理，防范和打击数字经济中的不正当竞争和违法行为，维护市场公平竞争秩序，保护消费者权益和社会公共利益。

（四）法治化原则

随着数字技术的快速发展，数字经济活动日益复杂多变，这要求在治理过程中必须坚持以法治为基础，确保数字经济活动在法治的轨道上健康运行。

法治化原则要求在数字经济治理中，要建立健全的法律法规体系。这意味着需要针对数字经济的特点和规律，制定和完善相关法律法规，明确数字经济活动的法律边界和行为规范。同时，法律法规的制定应当公开透明，广泛征求各方意见，确保法律法规的公正性和合理性。法治化原则要求在数字经济治理中，要依法进行监管和执法。这意味着需要加大对数字经济活动的监管力度，严厉打击数字经济中的违法行为和不正当竞争行为，维护市场公平竞争秩序。同时，执法过程应当公开透明，接受社会监督，确保执法的公正性和权威性。法治化原则还要求在数字经济治理中，要注重法治教育和宣传。需要加强对数字经济从业者的法治教育和培训，增强他们的法律意识和提高他们的法律素养。同时，还需要加强对公众的法治宣传和教育，提高他们对数字经济法律法规的认知和理解。

三、数字经济治理创新的主要领域

数据治理是数字经济治理创新的核心领域之一，涵盖了数据的收集、存储、处理、传输和使用等全过程。随着大数据技术的广泛应用，数据已成为数字经济的关键要素和核心资产，因此，数据治理的重要性日益凸显。

数据治理领域面临着诸多挑战。数据隐私泄露和滥用的问题时有发生，严重侵犯了个人权益和社会公共利益。为了解决这一问题，需要建立健全的数据保护机制，制定严格的数据使用规范和监管措施，确保个人数据的安全和合法使用。数据的质量和准确性对于数字经济的健康发展至关重要，然而，由于数据来源的多样性和复杂性，数据质量往往参差不齐。因此，需要加强数据质量管理，建立数据质量评估标准和纠错机制，提高数据的可信度和可用性。数据治理还需要关注数据的开放和共享。在数字经济时代，数据的开放和共享有助于促进创新、提高效率和推动经济发展。然而，这也带来了数据安全和隐私保护的挑战。因此，需要制定合理的数据开放和共享政策，建立数据共享平台和机制，促进数据的合规流动和利用。

（一）平台治理

平台治理是数字经济治理创新的另一个关键领域，它涉及对数字平台的规范、监督和管理，以确保平台的公平、透明，实现负责任的运营。随着数字技术的飞速发展，数字平台已经成为数字经济的重要组成部分，为各类经济活动提供了强大的基础设施和支撑服务。然而，平台经济的发展也带来了一系列问题，如数据垄断、不公平竞争、用户权益保护等，这些问题迫切需要有效的平台治理措施来解决。

在平台治理领域，需要建立健全的平台监管机制。这包括制定和完善平台运营的法律法规，明确平台的责任和义务，规范平台的行为和决策过程。同时，还需要建立独立的监管机构，对平台进行定期审查和评估，确保平台遵守相关法律法规和监管要求。平台治理需要关注数据垄断和不公平竞争问题，数字平台拥有大量的用户数据和商业信息，这些数据和信息具有极高的商业价值。此外，平台治理还需要加强用户权益保护。数字平台汇集了大量的个人信息和隐私数据，如何保护用户的合法权益成为平台治理的重要任务。需要建立完善的用户权益保护机制，确保用户的个人信息和隐私数据得到合法、合规的使用和保护。同时，还需要加强对平台用户权益的宣传和教育，增强用户的权益保护意识和能力。

（二）网络安全治理

网络安全治理是数字经济治理创新中不可或缺的一环，其重要性随着网络技术的飞速发展和应用的广泛普及而日益凸显。网络安全不仅关系到个人信息安全、企业商业秘密，更关乎国家安全和社会稳定。在数字经济时代，网络安全治理面临着前所未有的挑战和机遇。

一方面，随着大数据、云计算、物联网等技术的广泛应用，网络空间已经成为经济活动和社会生活的重要场所。网络攻击、数据泄露、恶意软件等网络安全事件频发，给个人、企业和社会带来了巨大的经济损失和不良影响。因此，加强网络安全治理、提高网络安全防护能力，已成为数字经济治理的紧迫任务。

另一方面，网络安全治理也面临着技术创新和模式变革的机遇。人工智能、区块链等先进技术的应用为网络安全治理提供了新的思路和手段。通过运用这些技术，可以提高网络安全治理的智能化、自动化水平，实现对网络安全事件的快速响应和有效处置。

（三）人工智能治理

人工智能治理是数字经济治理创新中的关键领域，随着人工智能技术的快速发展和广泛应用，其对社会、经济、安全等方面的影响日益显著。因此，建立健全的人工智能治理机制，确保人工智能技术的健康、可持续发展，成为数字经济治理的重要任务。

人工智能治理的核心在于平衡技术创新与社会责任，确保人工智能的发展不仅推动经济增长，同时也符合伦理、公平和透明的原则。为了实现这一目标，需要从多个方面入手。首先，制定和完善人工智能的法律法规，明确人工智能技术的使用边界和法律责任，为人工智能的发展提供坚实的法治保障。其次，推动人工智能伦理规范的制定和实施，确保人工智能技术的发展和应用符合社会道德和伦理标准。最后，加强人工智能技术的监管和评估，确保人工智能系统的安全性和可靠性，防止其被滥用或误用。

同时，人工智能治理还需要关注技术创新与应用的平衡。在推动人工智能技术创新的同时，要充分考虑其对社会、经济、环境等方面的影响，确保人工智能技术的应用符合公共利益和社会福祉。

四、数字经济治理创新的实践探索

（一）国际合作与协调

国际合作与协调在数字经济治理创新实践中扮演着至关重要的角色。随着数字技术的全球化和数字经济的迅猛发展，各国之间的经济联系和相互依存程度不断加深。面对数字经济治理的复杂性和多样性，单一国家往往难以独自应对，需要通过国际合作与协调来共同解决全球性的数字经济治理问题。

首先，加强政策沟通和协调。各国政府通过多边和双边机制，加强数字经济治理政策的沟通和协调，共同制定全球性的数字经济治理规则和标准。这有助于减少政策冲突和不确定性，促进数字经济的稳定和发展。例如，在数字经济税收领域，各国政府需要加强合作，共同应对跨国数字企业税收逃避和税收不公等问题。

其次，推动数字技术的国际交流与合作。数字技术是全球性的，各国之间的技术交流和合作对于推动数字经济治理创新具有重要意义。通过分享经验、共同研发和推广先进技术，各国可以共同提升数字经济治理的技术水平和能力。例如，在人工智能治理领域，各国可以加强合作，共同推动人工智能技术的研发和应用，同时制定相应的伦理规范和监管机制，确保人工智能技术的健康发展。

再次，加强国际数字经济治理机构的建设。建立全球性的数字经济治理机构，可以为各国提供一个协商和合作的平台，推动全球数字经济治理体系的完善和发展。这些机构可以发挥桥梁和纽带的作用，促进各国之间的合作与协调，共同应对数字经济治理的挑战和问题。例如，世界贸易组织、国际电信联盟等国际组织可以加强在数字经济治理领域的合作，共同推动全球数字经济治理体系的完善和发展。

又次，国际合作与协调还需要关注发展中国家的参与和利益。数字经济治理不仅关乎发达国家，也关乎发展中国家的利益和发展。因此，在国际合作与协调中，需要充分考虑发展中国家的实际情况和需求，推动建立更加公平、包容和普惠的数字经济治理体系。例如，在数字经济基础设施建设领域，发达国家可以与发展中国家加强合作，共同推动数字基础设施的建设和普及，为发展中国家的数字经济发展提供有力支撑。

最后，国际合作与协调需要建立长效机制。数字经济治理是一个长期的过程，需要各国持续投入和合作。因此，建立长效机制对于保障国际合作与协调的连续性和稳定性具有重要意义。各国可以通过定期举行会议、建立联络机制等方式加强沟通和协调，确保国际合作与协调的顺利进行。

（二）多层次治理体系

在数字经济治理创新的实践中，构建多层次治理体系是一个关键策略。这种治理体系涵盖了政府、企业、社会组织以及个人等多个参与主体，旨在通过不同层次的协同合作，共同应对数字经济的复杂性和多样性。

多层次治理体系的构建，要求政府发挥引导和监管的作用。政府作为公共利益的代表和社会秩序的维护者，在数字经济治理中扮演着举足轻重的角色。政府需要制定和完善数字经济法律法规，明确各参与主体的权利和义务，为数字经济的健康发展提供法治保障。同时，政府还需要建立高效的监管机制，加强对数字经济活动的监督和管理，确保市场秩序和公平竞争。然而，仅靠政府的力量是不足以应对数字经济治理的挑战的。因此，多层次治理体系强调政府、企业、社会组织和个人的共同参与和合作。企业作为数字经济的主要参与者，需要自觉遵守法律法规，加强自律和内部管理，确保数字经济活动的合规性和可持续性。社会组织则可以通过发起倡议、制定行业标准和开展评估等方式，为数字经济治理提供有益的支持和补充。个人作为数字经济的消费者和参与者，也需要增强数字素养和意识，积极参与数字经济治理的过程。

在多层次治理体系中，各参与主体之间需要建立有效的沟通和协调机制。这包括政府与企业、政府与社会组织、企业与社会组织以及个人之间的沟通和协调。通过定期举行对话、建立合作平台、分享信息和经验等方式，各参与主体可以共同应对数字经济治理的挑战和问题，形成合力并推动数字经济的发展。此外，多层次治理体系还需要注重不同治理层次之间的衔接和配合。在数字经济治理中，不同治理层次之间往往存在相互影响和制约的关系。因此，需要建立相应的衔接和配合机制，确保各治理层次之间的协同和一致，这包括政策之间的衔接、监管之间的配合以及信息之间的共享等方面。

同时，多层次治理体系还需要具备灵活性和适应性。数字经济是一个快速发展的领域,新的技术和应用不断涌现,给治理带来了新的挑战和机遇。因此,多层次治理体系需要具备灵活性和适应性,能够及时调整和优化治理策略,适应数字经济的发展变化。

五、数字经济治理创新的挑战与对策

(一)法律法规还不够完善

数字经济治理创新面临着众多挑战,其中法律法规还不够完善是一个尤为突出的问题。随着数字技术的飞速发展,新兴业态层出不穷,传统的法律法规体系往往难以适应这种快速变化。法律法规的更新速度如果快于数字经济的创新发展,就不致市场失序、消费者权益受损,以及数据安全风险等问题。

为了应对这一挑战,需要认识到法律法规不完善的根本原因,在于立法过程的复杂性和数字技术的快速变革之间的不匹配。因此,对策的制定需要围绕提高立法效率和灵活性、加强跨部门协调与合作、促进公众参与,以及利用技术手段辅助立法等方面展开。

在提高立法效率和灵活性方面,可以借鉴国际上的一些成功经验,如设立专门的数字经济立法机构,或者采用快速立法程序等。同时,还应该注重法律法规的前瞻性,尽可能在立法过程中考虑到未来可能出现的新情况和新问题。

数字经济的治理涉及多个领域和部门,需要政府各部门之间加强沟通和协作,形成合力。通过设立跨部门的工作小组或委员会,可以更好地整合各方资源,形成政策合力,从而有效避免法律法规滞后的问题。

公众是数字经济的直接参与者和受益者,他们的意见和建议对于完善法律法规体系具有重要意义。因此,应该建立健全的公众参与机制,如公开征求意见、举办听证会等,广泛听取各方意见,使法律法规更加贴近实际、符合民意。

此外,利用技术手段辅助立法也是一个值得探索的方向。例如,可以利用大数据、人工智能等技术手段对数字经济活动进行实时监测和分析,为立法提供科学依据。同时,还可以借助这些技术手段提高立法的透明度和可追溯性，增强法律法规的公信力和执行力。

（二）监管力度有待加大

随着数字经济的蓬勃发展，其复杂性和多样性对监管提出了更高的要求。传统的监管手段和方法往往难以应对数字经济的新特点和新趋势。监管力度不足不仅可能威胁数字经济的健康发展，还可能损害消费者权益和市场公平竞争。

要提升监管力度，需要加强监管队伍的建设。培养一支具备数字技术知识和监管经验的专业队伍，是提升监管能力的关键。通过加强人才培训、引进专业人才和优化人员结构等措施，可以提高监管队伍的整体素质和专业化水平。

传统的监管手段和方法往往侧重于事后监管和行政处罚，难以应对数字经济的快速变化和风险。因此，需要探索和创新监管手段和方法，如利用大数据、人工智能等先进技术手段进行实时监测和分析，提高监管的精准性和有效性。同时，还应注重事前监管和风险防范，及时发现并化解风险隐患。

数字经济涉及多个领域和部门，需要各部门之间加强沟通和协作，形成监管合力。通过建立健全的跨部门协作机制和信息共享平台，可以实现监管资源的优化配置和监管信息的互联互通，提高监管的协同性和效率。

传统的监管制度往往难以适应数字经济的快速变化和创新发展，因此，需要制定和完善适应数字经济特点的监管制度，如建立灵活可调的监管规则、推动监管沙箱等创新实践、完善数据保护和个人信息安全等方面的监管制度等。这些创新和完善有助于提高监管的针对性和有效性，为数字经济的健康发展提供有力保障。

（三）利益诉求多元化

数字经济治理创新的挑战之一在于利益诉求的多元化。在数字经济时代，各种利益主体（如政府、企业、消费者、社会组织等）都在追求自身利益的最大化，而各自的利益诉求往往存在差异和冲突。这种多元化的利益诉求给数字经济治理带来了极大的复杂性和难度。

多元化的利益诉求使得治理目标变得多样化，政府可能更关注维护国家安全、促进经济发展和社会公平；企业则可能更注重追求利润最大化、拓展市场份额和技术创新；消费者则期望获得更好的产品和服务体验、保障个人信息安全和隐私权等。这些不同的治理目标可能导致政策在制定和执行过程中产生矛盾和冲突。

多元化的利益诉求也增加了治理过程的复杂性，不同的利益主体可能持有不同的价值观和立场，对同一问题可能有不同的看法和解决方案。如何在多元利益诉求之间找到平衡点，确保各方利益得到合理照顾和平衡，是数字经济治理面临的重要挑战。

多元化的利益诉求还可能导致治理效率低下，当各方利益诉求存在明显分歧时，可能导致决策过程漫长而复杂，难以形成共识和统一行动。这不仅会延缓数字经济的发展步伐，还可能增加不必要的成本，导致社会资源的浪费。

为了应对这一挑战，需要采取一系列措施。

加强沟通和协商是关键，政府、企业、消费者和社会组织之间应建立有效的沟通渠道和协商机制，充分听取各方意见和诉求，寻求共识和妥协。通过开放、透明和包容的对话，可以减少误解和冲突，增进相互理解和信任。

建立多层次的治理结构和多元化的治理机制是必要的，在数字经济治理中，应充分考虑不同利益主体的诉求和利益关切，建立多层次的治理结构和多元化的治理机制。这包括政府、企业、消费者和社会组织等各方共同参与和协作的治理平台、行业自律组织、社区自治机构等。通过多方参与和共同决策，可以更好地平衡各方利益诉求，形成更加全面和有效的治理方案。

同时，推动数字经济的包容性和可持续发展也是解决利益诉求多元化问题的重要途径。在数字经济治理中，应关注弱势群体的利益诉求和权益保障，推动数字技术的普及和应用，缩小数字鸿沟。同时，还应注重环境保护、社会公正和可持续发展等方面的问题，确保数字经济的健康发展与社会整体利益的协调一致。

（四）国际竞争加剧

数字经济治理创新的挑战之一在于国际竞争的加剧。随着数字技术的飞速发展，数字经济已成为全球经济增长的重要引擎，各国纷纷加大投入，争夺数字经济的制高点。这种国际竞争的加剧给数字经济治理带来了前所未有的挑战。

各国在数字经济领域的发展水平和阶段存在差异，对数字经济的认知和治理理念也各不相同。因此，在制定和实施数字经济治理政策时，需要充分考虑国际竞争的影响，平衡各方利益诉求，确保政策的合理性和有效性。

国际竞争的加剧要求各国加强合作与协调，共同应对数字经济治理中的全球性挑战。数字经济的发展超越了国界，有许多问题和挑战需要全球共同应对。例如，跨境数据流动、网络安全、数字税收、数字货币等问题都需要各国协商和合作解决。只有通过加强国际合作与协调，才能形成合力，有效应对这些全球性挑战。

此外，国际竞争的加剧也促使各国加快数字经济治理创新的步伐。为了在全球竞争中占据优势地位，各国纷纷加大投入，推动数字经济治理创新。这包括完善法律法规体系、优化监管手段和方法、加强人才培养和引进等方面。通过不断创新和完善数字经济治理体系，各国可以提高治理效率和质量，为数字经济的健康发展提供有力保障。

然而，国际竞争的加剧也带来了一些负面影响。一些国家可能采取保护主义措施，限制数字技术的跨境流动和应用，导致市场分割和技术封锁。这不仅会阻碍数字经济的全球化发展，还会对全球经济增长和创新产生负面影响。因此，各国在加强竞争的同时，也需要注重开放合作和互利共赢，共同推动数字经济的全球化发展。

为了应对国际竞争加剧的挑战，各国需要采取一系列措施。

各国应加强沟通和交流，共同研究和应对数字经济治理中的全球性挑战。通过加强合作与协调，可以形成全球治理合力，有效应对国际竞争带来的压力和挑战。

各国应加大投入，完善法律法规体系，优化监管手段和方法，加强人才培养和引进等方面的工作。通过不断创新和完善数字经济治理体系，可以提高治理效率和质量，为数字经济的健康发展提供有力保障。

同时，注重开放合作和互利共赢也是应对国际竞争加剧挑战的重要途径。各国应坚持开放包容的理念，推动数字技术的跨境流动和应用，加强技术交流和合作。通过开放合作和互利共赢，可以促进数字经济的全球化发展，实现共同繁荣和发展。

第四章 数字经济发展的法律治理体系

第一节 数字经济治理的缘由

随着科技的飞速进步,数字经济已经席卷全球,成为推动经济社会发展的新动力。这种新经济形态不仅改变了传统产业的运作方式,更催生了众多新兴业态和商业模式,如云计算、大数据、人工智能、区块链等。数字经济的迅猛发展带来了前所未有的机遇,同时也带来了诸多挑战。

一方面,数字经济的崛起极大地推动了经济增长和就业创造。通过数字技术的广泛应用,企业能够提高生产效率、降低成本、拓展市场,实现转型升级。消费者也能够享受更加便捷、个性化的产品和服务。数字经济还促进了跨界融合和创新发展,催生出许多新兴产业和业态,为经济增长注入了新动力。

另一方面,数字经济的快速发展也带来了一系列问题和挑战。数据安全和隐私保护问题日益凸显,个人信息泄露、网络攻击等事件时有发生,给个人和社会带来了巨大损失。数字鸿沟问题也不容忽视,城乡之间、不同社会群体之间在数字经济发展方面的差距逐渐拉大,加剧了社会不平等现象。此外,数字经济下的市场竞争也日趋激烈,一些企业利用技术手段进行不正当竞争,破坏了市场秩序和公平竞争环境。

一、法律治理体系在数字经济中的重要作用

随着数字技术的深入应用和经济形态的不断变革,数字经济已经成为全球经济增长的重要引擎。然而,数字经济的迅猛发展也带来了前所

未有的挑战，如数据安全、隐私保护、市场竞争等问题。这些问题不仅影响着数字经济的健康发展，也威胁着社会公共利益和国家经济安全。

法律治理体系在数字经济中的重要作用主要体现在以下几个方面。

通过制定和实施适应数字经济特点的法律法规，法律治理体系能够规范市场行为、保障公平竞争，为数字经济的健康发展提供有力的制度保障。这有助于防止市场失灵和不正当竞争行为的发生，维护市场秩序和消费者权益。

在数字经济时代，数据已成为重要的生产要素和社会财富，数据安全和隐私保护问题日益凸显。通过制定严格的数据保护法律法规和加大监管力度，法律治理体系能够确保个人和企业的数据安全，防止数据泄露和滥用，维护公民的隐私权益。

此外，法律治理体系还能够促进数字经济的创新和可持续发展。通过为创新提供法律保障和支持，法律治理体系能够激发市场主体的创新活力，推动数字技术的研发和应用，促进新兴产业的培育和发展。同时，法律治理体系还能够引导数字经济朝着绿色、低碳、可持续的方向发展，推动经济社会的可持续发展。[1]

最后，法律治理体系在维护国家经济安全和社会稳定方面也发挥着重要作用。数字经济作为新兴经济形态，其发展对国家经济安全和社会稳定具有重要影响。通过加强法律治理体系建设，能够有效防范和应对数字经济领域的安全风险和挑战，维护国家经济安全和社会稳定。

二、数字经济治理的必要性

（一）维护市场秩序与公平竞争

在数字经济时代，维护市场秩序与公平竞争显得尤为重要。由于数字技术的迅速发展和广泛应用，数字经济中的市场行为日益复杂多样，同时也伴随着一些新的不正当竞争和垄断行为的出现。这些行为不仅损害了消费者权益，也破坏了市场的正常秩序和公平竞争环境。因此，数字经济治理的首要任务就是维护市场秩序与公平竞争。通过建立健全的

---
[1] 杜庆昊. 数字经济协同治理[M]. 长沙：湖南人民出版社，2020.

法律法规体系，明确市场主体的权利和义务，规范市场行为，防止不正当竞争和垄断行为的发生。

维护市场秩序与公平竞争不仅有利于数字经济的健康发展，也有利于推动社会整体经济的进步。在公平竞争的市场环境下，企业能够充分发挥自身的创新能力和竞争优势，推动数字技术的研发和应用，为消费者提供更加优质、便捷的产品和服务。同时，公平竞争也能够促进资源的优化配置和经济的可持续发展，实现社会整体利益的最大化。

（二）保护消费者权益与数据安全

在数字经济时代，保护消费者权益与数据安全是数字经济治理不可或缺的重要任务。随着数字技术的广泛应用和普及，消费者的生活与数字经济紧密相连，从在线购物到移动支付，从社交媒体到云服务，消费者的个人信息和数据安全面临着前所未有的挑战。

保护消费者权益意味着确保消费者在数字经济中的合法权益不受侵害。这包括保障消费者的知情权、选择权、公平交易权以及隐私权等。数字经济治理需要制定和完善相关法律法规，明确消费者的权益和义务，并设立有效的监管机制，对侵害消费者权益的行为进行严厉打击。

同时，保护数据安全也是数字经济治理的重要职责。在数字经济中，数据已成为重要的生产要素和社会财富。数据泄露和滥用事件频发，给个人和社会带来了巨大的损失。因此，需要建立健全的数据保护法律体系，强化数据安全监管，推动企业和机构加强数据安全管理和技术防护，确保个人和企业的数据安全。

（三）促进数字经济持续健康发展

数字经济作为新时代经济发展的重要引擎，具有创新性强、渗透性广、影响深远等特点，对于推动经济转型升级、提升国际竞争力具有重要意义。数字经济治理的核心目标是构建一个稳定、公平、安全的数字经济环境，以推动数字经济的持续健康发展。

为了实现数字经济的持续健康发展，治理工作必须注重营造良好的发展环境。这包括维护市场秩序与公平竞争，保护消费者权益与数据安全，以及促进数字技术的创新和应用；完善法律法规体系，为数字经济提供稳定、透明的法律框架；加强监管，确保市场公平竞争，防止市场失灵和滥用市场优势地位的行为。为了实现这一目标，需要建立健全的法律法规体系，加强监管和监测，及时发现和解决数字经济领域的风险和问题；推动数字技术的创新和应用，鼓励企业加大研发投入，培育新兴业态和商业模式；同时，还需要推动数字技术的研发和应用，促进数字经济的创新和发展，为经济社会发展注入新的动力和活力；加强国际合作与交流，共同应对数字经济带来的全球性挑战。

此外，治理工作还应关注数字经济的可持续发展。数字经济治理的核心目标是确保数字经济的稳定、公平和安全，为数字经济的持续健康发展提供坚实的保障。在推动数字经济发展的同时，要注重保护生态环境，维护社会公共利益和国家经济安全。通过引导企业采取绿色、低碳的生产方式，推动数字经济与实体经济深度融合，实现经济社会的可持续发展。

三、数字经济治理的缘由分析

（一）法律法规还不完全适应

传统的法律体系主要基于工业经济时代的社会关系和经济结构构建，难以完全适应数字经济时代的新特点和新需求。体系的不足与缺陷是数字经济治理面临的重要缘由之一。现有法律体系在应对数字经济问题时，难以有效应对数字经济中的新型挑战。例如，数据保护和隐私权益的法律规定相对有些滞后，无法有效保障个人和企业的数据安全；传统法律体系往往侧重于对实体经济的规范，对于数字经济的虚拟性、跨界性等特点缺乏足够的认识和应对；网络犯罪的法律规定不够完善，难以有效打击网络攻击、网络诈骗等新型犯罪行为；跨境数据流动的法律规定不明确，制约了数字经济的全球化发展。同时，现有法律体系在保护数据安全和隐私、打击网络犯罪等方面也存在某些不足，难以有效应对数字经济领域的新风险和新挑战。

随着数字技术的不断创新和突破，新的商业模式和业态层出不穷，如共享经济、数字货币、人工智能等。然而，这些新兴业态和技术在现行法律体系中还缺乏明确的法律规范和指导，这是数字经济治理面临的另一个重要缘由。由于缺乏明确的法律框架和规则，这些新兴业态和技术在发展过程中可能面临各种法律风险和不确定性。例如，共享经济的兴起给传统的产权制度、劳动关系等带来了挑战；数字货币的出现对现有的金融体系和货币制度提出了新的要求；人工智能技术的发展涉及数据隐私、算法公平、责任归属等复杂法律问题。

（二）监管面临的挑战

监管方法的局限性是数字经济治理面临的重要挑战之一，随着数字技术的迅猛发展，数字经济活动日益复杂多样，而传统的监管方法往往难以适应这种快速变化的环境。传统的监管方式往往侧重于事后监管和行政处罚，对于数字经济中的新型风险和问题判断缺乏前瞻性和灵活性。此外，数字经济中的跨界性和虚拟性也使得监管难度加大，传统的地域性监管模式难以覆盖数字经济的全领域。

监管资源分配不均与监管空白是数字经济治理面临的严峻挑战，特别是在快速发展且不断创新的数字经济领域。由于数字技术的广泛应用和快速迭代，监管资源往往难以跟上其步伐，导致在某些领域或地区出现监管空白；而在其他领域或地区则可能出现监管过度或资源浪费的情况。

监管资源分配不均的问题主要体现在两个方面：一是不同领域之间的监管资源分配不平衡。一些新兴业态和技术，如人工智能、区块链等，由于其创新性和复杂性，往往需要更多的监管资源来确保其合规性和安全性。然而，由于这些领域的发展速度较快，监管资源往往难以跟上其步伐，导致监管空白和漏洞。二是不同地区之间的监管资源分配也存在不平衡。一些经济发达、技术先进的地区可能拥有更多的监管资源，而一些经济落后、技术相对滞后的地区则可能面临监管资源匮乏的问题。这种不平衡不仅影响了数字经济的健康发展，也可能加剧地区间的发展差距。

监管空白则是监管资源分配不均的直接后果。在一些新兴领域或地区，由于缺乏足够的监管资源和经验，往往容易出现监管空白的情况。

这不仅给不法分子提供了可乘之机，也可能损害消费者的权益和市场的公平竞争。同时，监管空白还可能引发市场失灵和系统性风险，对数字经济的稳定和发展造成不利影响。

（三）利益诉求复杂性

1. 不同利益主体间的冲突与博弈

在数字经济治理中，不同利益主体间的冲突与博弈是一个显著的特征。这源于数字经济领域的多元化和复杂性，其中涉及众多利益相关者，包括政府、企业、消费者、社会组织等。这些主体在数字经济活动中拥有不同的利益诉求和期望，因此，在追求各自利益最大化的过程中，难免会产生冲突和博弈。

政府作为监管者和政策制定者，其目标是维护市场秩序、保障公平竞争和消费者权益。然而，在数字经济中，政府的监管政策和措施可能受到来自企业和行业的挑战。企业追求的是利润最大化，可能会通过各种手段来规避监管，甚至试图影响政策制定，以获取更多利益。同时，消费者则期望在数字经济中获得更好的产品和服务，但同时也面临着数据泄露、隐私侵犯等风险。社会组织则可能关注数字技术的社会影响，如就业、数字鸿沟等问题。

这些不同的利益诉求导致了在数字经济治理中的冲突与博弈。例如，在数据保护和隐私权益方面，政府需要制定严格的法律法规来保护消费者的隐私权益，而企业则可能希望获得更多的数据资源以进行商业利用。在平台经济领域，政府需要维护公平竞争的市场环境，而平台企业则可能试图通过垄断或排他性行为来获取更多市场份额。

2. 治理目标与方法的多样性

在数字经济治理中，治理目标与方法的多样性是一个显著的特征，这源于数字经济本身的复杂性和动态性。数字经济涵盖了广泛的领域，包括电子商务、云计算、大数据、人工智能等，每个领域都有其独特的发展规律和治理需求。因此，数字经济治理的目标并非单一，而是涵盖了维护市场秩序、保障公平竞争、保护消费者权益、促进数据安全和隐私保护等多个方面。这些目标之间相互关联、相互影响，共同构成了数字经济治理的复杂目标体系。

这种治理目标与方法的多样性要求在数字经济治理中采取更加灵活和包容的态度。首先,需要根据数字经济的发展趋势和风险特点,不断调整和优化治理目标,确保治理工作始终与数字经济的实际需求保持同步。其次,需要综合运用各种治理手段,形成政策、技术、自律、监督等多方面的合力,实现治理效果的最大化。同时,还需要注重不同治理手段之间的协调与配合,避免出现相互矛盾或重复的情况。

(四)国际竞争全球性

1. 数字经济的全球竞争与合作

随着数字技术的迅猛发展,数字经济已成为全球经济增长的新引擎,国际竞争也日趋激烈。在这一背景下,数字经济的全球竞争与合作显得尤为重要。

数字经济的全球竞争主要体现在技术创新、市场扩张和规则制定等方面。各国纷纷加大在数字经济领域的投入,争夺技术制高点,以创新驱动经济发展。同时,通过跨境投资和贸易,企业积极开拓国际市场,争夺市场份额。此外,国际规则制定权也成为竞争的焦点,谁能在全球范围内率先制定出适应数字经济发展的规则,谁就能在国际竞争中占据有利地位。在全球化趋势下,各国经济相互依存,数字经济更是如此。跨国企业在全球范围内开展业务,需要各国政府提供便利的营商环境;数据跨境流动和网络安全等全球性问题,也需要各国共同应对。此外,随着数字技术的普及应用,各国在数字经济领域的合作也日益增多,如共同推动数字基础设施建设、加强数字人才培养等。

2. 国际规则与标准的制定与协调

在国际数字经济治理中,国际规则与标准的制定与协调面临着诸多问题和挑战。数字技术的快速发展和变革使得国际规则与标准的制定变得异常复杂和困难。由于数字技术的不断创新和演进,传统的规则制定方式已经难以适应这种快速变化的环境,需要更加灵活和高效的制定机制。各国在数字经济领域的发展水平和利益诉求存在差异,导致国际规则与标准的制定过程充满了矛盾和冲突。发达国家往往希望维护自身在数字经济领域的利益,而发展中国家则希望获得更多的发展机会和资源。这种利益诉求的差异使得规则制定变得异常复杂和困难。由于各国在数字经济领域的法律体系、监管模式和文化背景等方面存在差异,已经制定的规则之间存在冲突和矛盾的情况屡见不鲜。这种冲突和矛盾不仅会影响数字经济的全球流通和发展,还会引发国际摩擦和冲突。

四、法律治理体系在数字经济中的作用

（一）规范市场行为,保障公平竞争

法律治理体系在数字经济中扮演着至关重要的角色,尤其是在规范市场行为、保障公平竞争方面。数字经济作为一种新型经济形态,具有跨界性、动态性和创新性等特点,但同时也伴随着风险和挑战,如数据隐私泄露、网络安全威胁、市场垄断等。因此,建立完善的法律治理体系对于促进数字经济的健康发展具有重要意义。

在数字经济中,各种市场主体的行为需要受到法律的约束和规范。通过制定和实施相关法律法规,如电子商务法、网络安全法等,可以有效规范市场主体的经营行为,防止不正当竞争、欺诈行为等违法行为的发生。同时,法律治理体系还能够明确市场主体的权利和义务,保护消费者权益,维护市场秩序。

数字经济中的竞争日益激烈,但竞争必须建立在公平、公正的基础上。法律治理体系通过制定反垄断法、反不正当竞争法等法律法规,防止市场垄断和不正当竞争行为的发生,保障所有市场主体在平等的竞争环境中开展业务,这有助于激发市场活力,促进创新,推动数字经济的持续发展。

当市场主体的合法权益受到侵害时,法律治理体系能够为其提供有效的救济途径,如民事诉讼、行政处罚等,这有助于维护市场主体的合法权益,促进市场的稳定和繁荣。

（二）保护消费者权益与数据安全

在数字经济时代,保护消费者权益与数据安全成为法律治理体系的两大核心任务。随着数字技术的广泛应用和深入融合,消费者的生活与

数字产品和服务紧密相连,个人数据的价值日益凸显。因此,法律治理体系不仅要确保市场的公平竞争和秩序,更要关注消费者权益的保护以及个人数据的安全。

保护消费者权益是数字经济法律治理的基石,数字经济中的消费者面临着信息不对称、产品质量难以保障、退换货困难等问题。法律治理体系通过制定消费者权益保护法、产品质量法等法律法规,明确消费者的基本权益,如知情权、选择权、公平交易权、安全权等,并设立有效的救济机制,如投诉渠道、仲裁机构、司法途径等,确保消费者在数字经济中能够享受到与传统经济同等的权益保障。

同时,数据安全是数字经济法律治理中的另一重要方面。在数字经济中,个人数据成为重要的资产,数据泄露、滥用等事件频发,给消费者的隐私权和财产安全带来严重威胁。法律治理体系通过制定数据保护法、网络安全法等法律法规,明确个人数据的收集、使用、存储、传输等各个环节的规范和要求,加强对数据控制者的监管和追责力度,确保个人数据的安全和合法使用。

此外,法律治理体系还需要促进消费者权益保护与数据安全之间的协同。消费者权益的保护和数据安全是相辅相成的,二者共同构成了数字经济法律治理的完整框架。在制定和执行相关法律法规时,需要充分考虑消费者权益和数据安全之间的平衡和协调,确保法律治理的全面性和有效性。

为了实现这一目标,法律治理体系还需要不断完善和创新。一方面,要加强对现有法律法规的修订和完善,以适应数字经济快速发展的需求;另一方面,要积极探索新的法律工具和手段,如数据主权、数据跨境流动规则等,以更好地保护消费者权益和数据安全。

(三)促进技术创新与产业升级

在数字经济时代,法律治理体系不仅承担着规范市场行为、保障公平竞争、保护消费者权益与数据安全的重要职责,同时还需要积极促进技术创新与产业升级。技术创新是推动数字经济发展的核心动力,而产业升级则是实现经济高质量发展的重要途径。法律治理体系在促进技创新与产业升级方面发挥着不可或缺的作用。

法律治理体系为技术创新提供了稳定的环境和明确的规则。通过制定和完善知识产权法、专利法、著作权法等法律法规，法律治理体系为创新成果的保护和转化提供了制度保障。这有助于激发企业和个人的创新热情，推动更多创新成果的形成和应用。同时，明确的法律规则还能够降低创新活动的风险和不确定性，为创新者提供更加清晰的预期和导向。

法律治理体系通过优化监管和促进竞争来推动产业升级，在数字经济领域，新技术、新业态、新模式层出不穷，这给监管带来了挑战。法律治理体系需要不断更新和完善监管方式，既要确保市场的公平竞争和秩序，又要避免过度监管阻碍创新。通过制定合理的监管政策和措施，法律治理体系可以促进数字经济的健康发展，推动传统产业的转型升级。

法律治理体系还需要关注数字经济与其他领域的融合发展，数字经济与实体经济、传统产业等密切相关，法律治理体系需要促进它们之间的深度融合和协同发展。通过制定跨领域的法律法规和政策措施，法律治理体系可以推动数字经济与其他领域的资源共享、优势互补和协同发展，实现经济的高质量发展。

第二节 数字经济国际规则制定

随着科技的飞速发展，数字经济已成为全球经济的重要组成部分，其影响力和重要性日益凸显。数字经济不仅重塑了传统产业的形态，还催生了众多新兴业态，如云计算、大数据、人工智能等。这些技术的广泛应用，不仅提高了生产效率，促进了经济增长，还改变了人们的生活方式和消费习惯。

在全球范围内，数字经济已经成为推动经济增长、促进就业、提高生产效率的重要引擎。它打破了传统经济的地域限制，使得全球资源的配置更加高效和灵活。同时，数字经济也加剧了国际竞争，各国纷纷加大对数字技术的研发投入,力图在新一轮的技术革命和产业变革中占据先机。然而数据的跨境流动、隐私保护、数字税收、网络安全等问题日益凸显,亟须制定国际规则和标准来加以规范和引导。在此背景下,数字经济国际规则制定的重要性不言而喻,它不仅有助于维护全球数字市场的公平竞争和秩序,还能促进数字技术的健康发展,推动全球经济的繁荣和稳定。

一、国际规则制定在数字经济中的必要性

在数字经济迅猛发展的当下,国际规则制定显得尤为关键。数字技术的全球性和无界性决定了数字经济领域的许多问题不能仅仅依靠单一国家或地区的法规来解决,而是需要通过国际合作和协调来制定全球性的规则和标准。

(一)国际规则的制定有助于维护数字市场的公平竞争和秩序

数字市场的开放性和透明性是其发展的重要基石,而国际规则的制定能够确保各国在数字市场中遵循共同的游戏规则,避免不公平竞争和扭曲市场行为的发生。通过制定统一的国际规则,可以有效减少数字市场的分割和壁垒,促进数字产品和服务的自由流通,为数字经济的全球化发展提供有力支撑。

(二)国际规则的制定能够推动数字技术的创新和发展

数字技术是数字经济的核心驱动力,而国际规则的制定可以为技术创新提供稳定的环境和明确的预期。通过制定国际规则,可以明确技术创新的方向和边界,降低创新的风险和不确定性,激发企业和个人的创新热情。同时,国际规则的制定还能够促进技术标准的统一和互操作性的提升,为数字技术的广泛应用和融合发展创造有利条件。[①]

(三)国际规则的制定有助于应对数字经济带来的全球性挑战

数字经济的发展不仅带来了经济效益的提升,也带来了一系列全球性挑战,如数据跨境流动、隐私保护、网络安全等。这些问题的解决需

---

① 周之文,周克足.数字经济:国家战略行动路线图[M].北京:中国经济出版社,2023.

要全球性的合作和协调，而国际规则的制定正是实现这一目标的重要途径。通过制定国际规则，可以明确各国在应对这些挑战中的责任和义务，加强国际合作和协调，共同应对数字经济带来的全球性挑战。

二、数字经济国际规则制定的现状

（一）现有国际规则与框架的概述

当前，数字经济国际规则与框架的构建正处于不断演进和完善的过程中。在全球范围内，世界贸易组织（WTO）在数字贸易领域发挥着核心作用，其《服务贸易总协定》(General Agreement on Trade in Services, GATS) 和《信息技术协定》(Information Technology Agreement, ITA) 等规则为数字产品的跨境交易提供了基础法律框架。此外，诸如经合组织（OECD）、二十国集团（G20）等国际组织也在积极探讨和制定数字经济的国际规则，关注数据流动、隐私保护、数字税收等核心议题。

然而，现有的国际规则与框架在应对数字经济快速发展的同时，也暴露出一定的不足和局限性。一方面，传统贸易规则在应对数字经济的新特征、新挑战时显得捉襟见肘，难以完全适应数字产品和服务的跨境交易需求；另一方面，由于数字技术的飞速发展和各国利益诉求的差异，国际规则制定过程存在着诸多争议和分歧，导致规则更新和完善的速度难以跟上技术发展的步伐。

（二）当前规则制定的挑战与不足

在数字经济时代，国际规则的制定面临着前所未有的挑战和不足。这些问题不仅反映了数字技术快速发展与传统法律体系滞后之间的矛盾，也暴露了全球范围内在数字经济治理上的共识缺失和分歧。以下是对当前规则制定所面临的主要挑战与不足的深入分析。

1. 规则滞后于技术发展

随着数字技术的飞速发展，新的应用、服务和商业模式层出不穷，如人工智能、大数据、云计算、区块链等。这些新兴技术不仅改变了数字经济的形态，也对传统法律规则提出了挑战。现有的国际规则往往难以跟上技术发展的步伐,导致许多新兴数字活动游离于法律监管之外,既增加了市场的不确定性,也加剧了潜在的法律风险。这种规则滞后不仅影响了数字经济的健康发展,也可能导致发生一些不合规的行为和滥用技术的现象。

2. 规则碎片化与不一致性

数字经济具有全球性的特点,但当前的国际规则却呈现出碎片化和不一致性的特点。一方面,不同的国际组织和论坛都在制定自己的数字经济规则和标准,导致规则体系变得复杂和混乱;另一方面,各国在数字经济领域的利益诉求和发展水平存在差异,导致在规则制定过程中难以形成共识。这种碎片化和不一致性的规则体系不仅增加了企业和个人的合规成本,也可能导致市场分割和形成贸易壁垒,阻碍数字经济的全球化进程。

3. 缺乏针对新兴问题的规定

数字经济领域的新兴问题层出不穷,如数据跨境流动、隐私保护、数字税收、网络安全等。这些新兴问题对传统法律规则提出了新的挑战和要求,但现有的国际规则往往缺乏针对这些问题的具体规定和解决方案。例如,在数据跨境流动方面,现有的国际规则尚未就数据的流动范围、方式和安全标准等问题达成共识;在隐私保护方面,虽然有一些关于个人信息保护的国际协议,但这些协议在执行上往往存在困难;在数字税收方面,各国之间的税收规则和税率差异较大,缺乏统一的国际税收标准。缺乏针对新兴问题的规定不仅增加了规则制定的难度,也加剧了数字经济领域的不确定性和风险。

三、数字经济国际规则制定的关键因素

(一)技术发展与创新

技术发展与创新在数字经济国际规则制定中扮演了至关重要的角色,随着人工智能、大数据、云计算、区块链等新兴技术的广泛应用,数字经济已经深刻改变了全球经济的格局。这些技术的创新不仅推动了数字经济的迅猛增长,也带来了新的挑战和问题,从而要求国际规则制定者必须紧密关注技术发展的步伐,不断适应并创新规则体系。

1. 技术发展与创新推动了数字经济国际规则制定的必要性

在数字技术的驱动下，数据成为一种新的生产要素，数据流动、数据治理和数据安全等问题日益凸显。传统的国际规则体系往往难以应对这些新出现的问题，因此需要制定新的规则和标准来规范数字经济的活动。同时，技术创新也带来了新的商业模式和服务形态，如共享经济、平台经济等，这些新模式和服务形态也需要相应的规则来确保其合规性和可持续性。

2. 技术发展与创新为数字经济国际规则的制定提供了新的工具和方法

随着数字技术的不断发展，大数据、人工智能等技术的应用为规则制定提供了更加精准和高效的方法。例如，通过大数据分析可以更加准确地评估数字经济的规模和趋势，为规则制定提供数据支持；人工智能技术的应用可以提升规则制定的智能化水平，提高规则制定的效率和准确性。

3. 技术发展与创新也对数字经济国际规则的制定提出了更高要求

随着技术的不断进步，数字经济活动的复杂性和多样性也在不断增加，这就要求规则制定者必须具备更高的专业素养和更全面的视角。同时，技术创新也带来了新的法律挑战和伦理问题，如算法歧视、数据隐私等，这些问题需要规则制定者进行深入研究和探讨，制定相应的规则和标准，来规范技术的使用和发展。

（二）经济利益与竞争格局

经济利益与竞争格局在数字经济国际规则制定中占据举足轻重的地位。这两大因素不仅直接影响各国在规则制定过程中的立场和策略，还决定了规则制定后的实施效果和影响力。

数据、算法、平台等新型生产要素的价值日益凸显，成为推动经济增长的重要引擎。各国为了维护本国经济利益，争取在数字经济领域的竞争优势，往往会在规则制定中积极争取自身利益最大化。这种利益诉求的多样性导致规则制定的过程充满复杂性和不确定性。为了平衡各方利益，规则制定者需要充分考虑各国经济发展水平和产业结构差异，推动形成既符合国际共识又体现各方利益的规则体系。

在数字经济时代，技术创新和产业升级的速度不断加快，各国在数字经济领域的竞争日益激烈。这种竞争格局不仅体现在市场份额、技术实力等方面，更体现在规则制定的话语权和影响力上。拥有先进技术和强大产业实力的国家往往能够在规则制定中发挥更大的作用，推动形成有利于自身的规则体系。因此，各国在规则制定过程中需要充分评估自身实力和国际地位，灵活运用外交手段和国际合作机制，争取在规则制定中占据有利位置。

在规则制定过程中，各国往往根据自身利益诉求和竞争格局来提出不同的立场和方案。这些立场和方案往往存在分歧和冲突，需要各方进行充分的沟通和协商。同时，随着数字技术的快速发展和全球经济的深度融合，数字经济国际规则制定也需要适应不断变化的国际环境和市场需求。这就要求规则制定者具备前瞻性和灵活性，及时调整和优化规则体系，以应对新的挑战和机遇。

（三）国家安全与隐私保护

数据的跨境流动和大规模应用不仅为经济发展提供了新动力，同时也给国家安全和个人隐私带来了前所未有的挑战。

在数字经济时代，数据已经成为一种重要的战略资源，其流动和应用对国家安全具有深远的影响。数据的跨境流动可能涉及敏感信息的泄露，给敌对势力提供可乘之机，对国家安全和主权构成威胁。因此，在制定数字经济国际规则时，各国必须高度重视数据安全，确保数据的跨境流动在可控、可追溯、可监管的范围内进行。这要求规则制定者既要促进数据的自由流动，又要建立健全的数据安全保护机制，确保国家安全的底线不被突破。

与此同时，隐私保护在数字经济国际规则制定中也同样重要。随着大数据、人工智能等技术的广泛应用，个人隐私面临着前所未有的泄露风险。个人信息的滥用、非法交易等问题屡见不鲜，给个人隐私带来了严重威胁。在制定数字经济国际规则时，各国应坚持尊重和保护个人隐私的原则，将隐私保护作为规则制定的重要考量因素。这要求规则制定者既要推动数字经济的发展，又要确保个人隐私权不受侵犯，实现数字经济与个人隐私保护的平衡发展。

此外，在数字经济国际规则制定中，各国还需要加强合作与沟通，共同应对国家安全和隐私保护的挑战。通过加强国际合作，各国可以共同制定和完善数据安全与隐私保护的国际标准和规范，推动形成统一的国际规则体系。同时，各国还可以通过分享经验、交流技术等方式，共同提升数据安全和隐私保护的水平，为数字经济的健康发展提供坚实的保障。

四、推进数字经济国际规则制定的策略与建议

（一）加强多边合作与协调

在数字经济快速发展的背景下，各国利益交织，只有加强国际合作，才能有效应对数字经济带来的挑战，共同推动全球数字经济的繁荣与发展。

加强多边合作与协调，意味着各国需要在平等、互利、共赢的基础上，共同参与到国际规则制定的过程中。通过国际组织、论坛和谈判平台，各国可以充分表达自己的立场和关切，共同讨论和解决数字经济领域的问题。这种合作不仅有助于促进国际规则的公平性和有效性，还能够增强各国在数字经济领域的合作与信任。

同时，多边合作与协调还能够平衡各方利益，减少规则制定过程中的分歧和冲突。各国在数字经济领域的发展水平、产业结构等方面存在差异，这可能导致在规则制定过程中出现意见不合的情况。通过加强多边协调，各国可以寻求共同点和合作空间，推动形成既符合国际共识又体现各方利益的规则体系。

（二）完善现有规则与框架

现有的国际规则与框架在数字经济领域已经发挥了一定的作用，但随着技术的迅速发展和市场的不断变化，这些规则与框架面临着新的挑战和需求。

为了应对这些挑战，需要对现有规则与框架进行全面的审视和评估。

这包括识别规则中的空白地带、模糊地带，以及不适应当前数字经济发展的部分，并提出相应的改进措施。同时，还需要关注新兴技术和业态对规则与框架的影响，及时将其纳入考虑范围，确保规则与框架的时效性和前瞻性。

在完善现有规则与框架的过程中，各国应加强合作与协调，共同推动规则的修订和完善。这不仅可以提高规则与框架的公平性和有效性，还能够增强各国在数字经济领域的合作与信任。同时，各国还应积极参与国际组织的讨论和谈判，共同推动形成更加完善、统一和开放的数字经济国际规则体系。

（三）制定针对新兴问题的规则

随着数字技术的快速发展，新兴问题层出不穷，如数据跨境流动、算法治理、人工智能伦理等，这些问题对现有的国际规则体系提出了新的挑战。

为了应对这些新兴问题，需要制定专门的规则和标准。这些规则应基于技术发展趋势和市场需求，明确各方责任和义务，确保技术的健康、安全和可持续发展。同时，还需要建立灵活的机构机制，以便及时应对新兴问题的变化和发展。

在制定针对新兴问题的规则时，各国应加强合作与沟通，共同研究和探讨解决方案。通过分享经验、交流技术，可以形成更加全面和深入的认识，推动规则制定的科学性和有效性。同时，还应充分考虑发展中国家的利益和需求，确保规则制定的公平性和包容性。

（四）平衡各方利益与诉求

在数字经济领域，不同国家、不同行业、不同企业乃至不同个体都可能拥有不同的利益诉求，这些诉求之间往往存在差异甚至冲突。因此，在制定国际规则时，必须充分考虑到这些差异和冲突，努力寻求一个平衡点，确保各方利益得到合理的照顾和保障。

为了实现这一平衡，首先需要建立一个开放、透明和包容的规则制定过程。这意味着各国应积极参与国际组织的讨论和谈判，充分表达自己的立场和诉求，同时也要尊重他国的观点和利益。通过充分的讨论和协商，各方可以增进理解，减少误解，从而更容易找到利益的共同点。

规则制定者需要运用智慧和策略，确保规则既能满足各方的核心利益，又能体现公平和正义。这可能需要采取一些折中措施，如设立一些灵活性的条款，允许各方在一定范围内调整自己的行为和策略。同时，规则制定者还需要密切关注数字经济的最新发展，确保规则能够适应不断变化的市场环境和技术趋势。

平衡各方利益与诉求还需要加强国际合作与协调。各国应共同努力，推动形成一套统一、协调、灵活和开放的数字经济国际规则体系。这不仅可以减少规则之间的冲突和重复，提高规则的有效性和执行力，还能够增强各国在数字经济领域的合作与信任，促进全球数字经济的繁荣与发展。

平衡各方利益与诉求还需要注重规则的可持续性和可适应性。规则制定者需要考虑到未来的变化和挑战，确保规则能够适应不断变化的市场需求和技术发展。同时，规则还需要具备足够的灵活性和可调整性，以便在必要时进行修订和完善。

第三节 数字经济相关法律法规

数字经济的重要性在于它不仅促进了传统产业的数字化转型，还催生了诸多新兴产业，如大数据、云计算、人工智能、区块链等，这些技术不仅改变了人的生产方式，也重塑了人的生活方式。

数字经济的重要性还体现在它对经济增长的强大驱动力上。通过对数字技术的广泛应用，经济活动的效率和效益得到了极大提升，促进了全球范围内的资源优化配置。同时，数字经济也为创新提供了无限可能，它打破了传统经济的边界和限制，为经济增长提供了新的动力源泉。

一、法律法规在数字经济中的作用与意义

法律法规在数字经济中起着不可或缺的作用。它们为数字市场设定

了明确的行为边界，保护了数据隐私、网络安全和知识产权，为创新和技术发展提供了安全稳定的环境。通过规范市场行为，法律法规防止了不正当竞争，促进了公平竞争，确保了各方利益的均衡。同时，它们也提供了解决纠纷的机制，增强了市场的信任度。在数字经济日益全球化的背景下，法律法规的完善还为国际合作与交流提供了基础，推动了全球数字经济的健康、有序发展。总之，法律法规为数字经济保驾护航，是其繁荣稳定的重要保障。

二、数字经济基础法律法规

（一）数据保护法

数据保护法是数字经济时代的基础性法律法规，其核心在于保障个人数据隐私和企业数据安全，促进数据的合理利用和流动。随着大数据、云计算、人工智能等技术的广泛应用，数据已经成为数字经济的关键要素和核心资产。然而，在数据的收集、存储、处理、传输和利用过程中，往往涉及个人隐私、商业秘密和国家安全等敏感问题，因此，数据保护法的出台和实施显得尤为重要。

数据保护法通过明确数据主体的权利和数据处理者的义务，确保了个人数据的安全和隐私。它规定了数据主体享有知情权、同意权、访问权、更正权、删除权等，保障了个人的数据隐私权不受侵犯。同时，数据保护法也明确了数据处理者的责任和义务，包括合法收集、使用、存储和传输数据，保障数据的安全性和完整性，防止数据泄露和滥用。

此外，数据保护法还关注数据的跨境流动问题。随着全球化的发展，数据的跨境流动日益频繁，但不同国家和地区的数据保护法律和标准存在差异，这给数据的跨境流动带来了挑战。数据保护法通过制定统一的数据保护标准和国际合作机制，促进了数据的跨境流动和共享，推动了全球数字经济的发展。[1]

在实施过程中，数据保护法还需要与其他法律法规相协调，如电子商务法、网络安全法等。这些法律法规共同构成了数字经济的基础法律

---

[1] 李柳作. 数字经济理论与实践创新研究[M]. 北京：中国商业出版社，2022.

法规体系，为数字经济的健康发展提供了有力保障。

（二）电子商务法

电子商务法作为数字经济时代的重要法律法规，为电子商务活动的规范发展提供了法律保障。它旨在保护消费者权益、促进电子商务市场的公平竞争、维护网络交易秩序，以及推动电子商务行业的可持续发展。

电子商务法明确了电子商务平台经营者的责任与义务，包括保障平台内经营者的合法权益、维护平台交易秩序、保护消费者个人信息安全等。这有助于规范电子商务平台的行为，防止滥用市场优势地位，确保电子商务市场的公平竞争。

同时，电子商务法也加强了对消费者权益的保护。它规定了电子商务经营者的信息披露义务，要求经营者提供真实、准确、完整的商品或服务信息，保障消费者的知情权和选择权。此外，电子商务法还规定了退换货、售后服务等消费者权益保障措施，为消费者提供了更加便捷、安全的购物环境。

在实施方面，电子商务法强调了对违法行为的处罚力度。对于违反电子商务法规定的行为，如虚假宣传、欺诈交易、侵犯知识产权等，相关部门将依法予以查处，并追究法律责任。这有助于维护电子商务市场的秩序，保护消费者的合法权益。

（三）网络安全法

网络安全法是保障数字经济安全稳定运行的关键法律法规。随着数字技术的广泛应用和互联网的普及，网络安全问题日益凸显，成为影响数字经济健康发展的重要因素。网络安全法的出台和实施，旨在维护国家网络安全，保障个人信息和企业数据的安全，促进网络基础设施的安全稳定运行。

网络安全法明确了网络运营者、网络产品和服务提供者等各方在网络安全中的责任和义务。网络运营者需要采取必要的技术和管理措施，保障网络的安全性和稳定性，防止网络攻击和数据泄露等安全事件的发生。同时，网络安全法也要求网络产品和服务提供者加强对产品安全性能的研发和检测，确保产品和服务的安全性。

此外，网络安全法还加强了个人信息保护。它规定了个人信息的收集、使用、存储和传输等方面的原则和要求，明确了个人信息主体的权益和保护措施，防止个人信息被滥用和泄露。

在实施方面，网络安全法建立了网络安全监测预警、应急处置和信息共享等机制，提高了网络安全事件的应对能力和效率。同时，网络安全法也加大了对违法行为的打击力度，对于违反网络安全法规定的行为，将依法予以处罚，并追究法律责任。

三、数字经济特定领域法律法规

（一）人工智能法律法规

人工智能法律法规是数字经济特定领域中的重要组成部分，旨在确保人工智能技术的健康发展并平衡各方利益。随着人工智能技术的广泛应用，其涉及的伦理、安全、隐私等问题日益引起关注。因此，制定和完善人工智能法律法规显得尤为重要。

人工智能法律法规主要关注人工智能技术的研发、应用和管理等方面。在研发方面，法律法规要求确保人工智能技术的合规性和安全性，防止滥用和误用。同时，也鼓励技术创新和知识产权保护，为人工智能产业的健康发展提供有力保障。在应用方面，法律法规强调人工智能技术的公平性和透明度，保障用户和数据主体的权益，防止歧视和不公平待遇。此外，法律法规还要求对AI技术的社会影响进行评估和监管，确保其符合社会伦理和公共利益。

在实施方面，人工智能法律法规需要与其他相关法律法规相协调，如数据保护法、网络安全法等。同时，还需要建立专门的监管机构和合作机制，加强对AI技术的监管和评估。

（二）区块链法律法规

区块链法律法规是数字经济特定领域中针对区块链技术应用的规范与准则。随着区块链技术的快速发展和广泛应用，其涉及的法律问题也日益凸显，如加密资产的法律地位、智能合约的法律效力、隐私保护与反洗钱等。因此，建立健全区块链法律法规体系，对于保障区块链技术的合规应用，防范风险，促进数字经济发展具有重要意义。

区块链法律法规主要关注加密资产、智能合约、隐私保护等方面。在加密资产方面，法律法规需要明确其法律地位，防止其被用于非法活动，并保障投资者的合法权益。在智能合约方面，法律法规需要确立其法律效力，规范其编写、执行和争议解决等流程，确保交易的安全和公正。在隐私保护方面，区块链技术的匿名性特点使得隐私保护成为一大挑战，法律法规需要平衡隐私保护与反洗钱等监管需求，确保其合法合规。

（三）大数据法律法规

大数据法律法规是数字经济时代针对大数据技术应用和管理的关键规范。随着大数据技术的迅猛发展，数据的收集、存储、分析和利用已经渗透到社会生活的各个领域，但同时也带来了隐私泄露、数据滥用等风险。因此，制定和完善大数据法律法规至关重要。

大数据法律法规主要关注数据的安全、隐私保护、合法利用等方面。在数据安全方面，法律法规要求采取必要的技术和管理措施，确保数据的完整性和保密性，防止数据被非法获取、篡改或破坏；在隐私保护方面，法律法规强调对个人信息的尊重和保护，规定数据收集、处理和使用的合法性和正当性，防止隐私泄露和滥用；在合法利用方面，法律法规鼓励数据的共享和开放，但要求明确数据的权属和使用规则，保障数据主体的合法权益。

四、数字经济法律法规的挑战与应对

（一）技术快速发展带来的法律滞后问题

数字经济法律法规面临的挑战之一是技术快速发展带来的法律滞后问题。数字技术的飞速进步和迭代使得新的经济形态、商业模式和创新应用不断涌现，而法律法规的制定和修订往往难以跟上这种快速变化。这种法律滞后不仅可能制约数字经济的健康发展，还可能导致监管空白和合规风险。

首先，技术快速发展带来的法律滞后问题体现在新兴领域的法律空白。随着人工智能、区块链、大数据等技术的广泛应用，这些领域涉及的法律问题日益复杂，但相应的法律法规却往往滞后于技术的发展。例如，在人工智能领域，关于机器人权利、算法责任、数据权益等问题的法律规定尚不完善，导致在实际应用中难以有效保障各方权益。

其次，技术快速发展带来的法律滞后问题还体现在现有法律法规的适应性不足。传统的法律法规往往基于过去的经济形态和商业模式制定，难以完全适应数字经济时代的新特点和新需求。例如，在电子商务领域，传统的消费者权益保护法律法规在面对跨境电商、虚拟货币等新型交易方式时显得捉襟见肘，难以有效保护消费者权益。

为了应对技术快速发展带来的法律滞后问题，需要采取一系列措施。

第一，加强法律法规的预见性和前瞻性。在制定和修订法律法规时，要充分考虑技术发展趋势和市场需求，尽量做到前瞻性和预见性。同时，建立健全的法律法规修订机制，及时对不合适的法律法规进行修订和完善。

第二，加强跨部门、跨领域的协调合作。数字经济的发展涉及多个领域和部门，需要政府、企业、社会等多方共同参与和协作。因此，要加强各部门之间的协调合作，共同研究和解决数字经济法律法规面临的挑战和问题。

第三，还可以借鉴国际先进经验和实践案例。数字经济是全球性的发展趋势，各国都在积极探索和制定相关法律法规。可以借鉴国际先进经验和实践案例，结合本国实际情况，制定更加合理、有效的法律法规。

第四，加强技术研发和创新应用与法律法规的互动。技术研发和创新应用是推动数字经济发展的重要动力，也是法律法规制定和修订的重要依据。因此，要加强技术研发和创新应用与法律法规的互动，促进技术创新和合规发展的良性循环。

（二）跨国数据流动与主权保护的冲突

跨国数据流动与主权保护的冲突是数字经济法律法规面临的重要挑战之一。随着全球化的深入发展和数字技术的广泛应用，数据已经成为全球经济和社会发展的重要资源。然而，不同国家和地区在数据保护、隐私权益、国家安全等方面的法律法规存在差异，导致跨国数据流动面临诸多挑战和冲突。

数据主权是指国家对本国数据资源拥有最高权力和控制权，包括数据的收集、存储、处理和传输等。然而，跨国数据流动往往涉及多个国家和地区的法律法规，不同国家的数据主权观念存在差异，导致在数据跨境流动时产生主权保护的冲突。一些国家可能为了保护本国利益和数据安全，采取限制或禁止数据跨境流动的措施，这与全球化背景下的数据自由流动需求相矛盾。

随着人们对个人隐私权益的重视，数据隐私保护成为各国法律法规的重要内容。然而，不同国家和地区的隐私保护标准存在差异，导致在跨国数据流动时可能出现隐私泄露和滥用的风险。一些国家可能采取更加严格的隐私保护措施，限制数据的跨境流动，以保护本国公民的隐私权益。这种差异可能导致企业在全球范围内开展业务时面临合规挑战和成本增加风险。

一些国家可能将重要数据和敏感信息视为国家核心资产，对其实施严格的保护和控制。在跨国数据流动中，这些国家可能担心本国数据被其他国家获取或利用，从而威胁国家安全和国家利益。因此，一些国家可能采取限制或禁止特定类型数据跨境流动的措施，以保护国家安全和利益。

为了应对跨国数据流动与主权保护的冲突，需要采取一系列措施。

加强国际合作与交流，推动全球数据治理体系的建立。通过加强国际合作与交流，各国可以共同研究和制定全球性的数据治理规则和标准，促进数据的自由流动和合理利用，同时保护个人隐私和国家安全。

各国可以建立数据跨境流动的监管机制，对数据跨境流动进行合规审查和风险评估，确保数据跨境流动符合法律法规和监管要求。同时，建立数据跨境流动的安全保障机制，确保数据的机密性、完整性和可用性。

技术创新是推动数字经济发展的重要动力，也是解决跨国数据流动与主权保护冲突的关键。通过推动技术创新和合规发展，可以探索更加安全、高效的数据跨境流动方式，降低数据跨境流动的风险和成本。

（三）法律法规执行中的技术与人力挑战

在数字经济时代执行法律法规面临着技术与人力方面的双重挑战。技术挑战主要体现在监管技术的滞后性与更新换代的快速性之间的不匹配。随着数字技术的飞速发展，新型经济活动和业务模式层出不穷，这对监管技术提出了更高的要求。然而，现有监管技术往往难以跟上技术创新的步伐，导致监管空白和效率低下。此外，数字技术的匿名性、加密性等特点也给监管带来了技术上的困难，如何有效追踪和监管数字经济活动成为一大难题。

人力挑战则主要体现在专业人才短缺和监管能力不足上。数字经济法律法规的执行需要一支具备专业知识和技能的监管队伍，但目前相关领域的专业人才供给并不充足。同时，随着数字经济的快速发展，监管任务日益繁重，而监管机构的资源和能力却有限，这导致监管效果不尽如人意。

为了应对这些挑战，一方面，需要加强技术研发和创新，提升监管技术的水平和效率，使其能够适应数字经济的快速发展和变化；另一方面，需要加大人才培养和引进力度，提升监管队伍的专业素质和能力水平，确保法律法规的有效执行。同时，还应加强国际合作与交流，共同应对数字经济法律法规执行中的技术与人力挑战。

第四节　数字经济时代的伦理道德

在新时代，数据成为新的生产要素，算法成为决策的重要工具，数字经济与实体经济深度融合，为社会带来了前所未有的变革。然而，这种变革也伴随着一系列伦理道德问题的涌现。如何在数字经济时代处理好这些伦理道德问题，成为必须面对的挑战。

数字经济时代的伦理道德问题具有复杂性和多样性，涉及个人隐私保护、算法公正性、信息安全、知识产权等多个方面。这些问题不仅关系到个人的权益和尊严,也影响到社会的公平和正义。因此,需要重新审视传统的伦理道德观念,建立适应数字经济时代的新伦理道德体系。这个体系应该既能够保障个人的权益和尊严,又能够促进数字经济的健康发展。同时,还需要加强伦理道德教育,增强人们的伦理道德意识,让每个人都能够在数字经济时代自觉遵守伦理道德规范,共同营造一个健康、公正、透明的数字环境。只有这样,才能够更好地应对数字经济时代带来的挑战,推动社会的持续进步和发展。

一、数字经济时代的伦理道德问题

(一) 数据隐私与保护

1. 数据收集、存储、使用的伦理边界

在数字经济时代,数据被誉为"新石油",其收集、存储和使用对于企业和个人而言具有巨大价值。然而,这一过程也伴随着对数据隐私的关注和担忧。数据收集、存储和使用的伦理边界,是指在尊重个人隐私权的前提下,合理、合法地获取、保存和利用数据。这一边界的划定至关重要,它关乎个人信息安全、信任关系的建立以及社会秩序的维护。

在实践中,数据收集应遵循最小必要原则,即仅收集实现特定目的所需的最少数据。在存储数据时,应采用加密等安全措施,确保数据不被未经授权访问和滥用。使用数据时,应尊重个人意愿和知情权,避免数据被用于歧视、欺诈等不道德或非法目的。

然而,划定数据收集、存储和使用的伦理边界并非易事。随着技术的发展和场景的变化,这一边界也在不断动态调整。因此,需要持续关注数据隐私保护领域的新挑战和新问题,不断完善相关法规和伦理准则,以确保数据在推动数字经济发展的同时,不侵犯个人隐私权,维护社会公共利益和道德秩序。

2. 个人隐私与商业利益的冲突与平衡

在数字经济时代,个人隐私与商业利益之间的冲突日益凸显。商业机构为了提供个性化服务和优化产品,往往需要收集和分析大量用户数据。然而,这些数据中往往包含个人隐私信息,如果处理不当,就会侵犯用户的隐私权。同时，用户也期望自己的隐私得到充分保护，不愿轻易泄露个人信息。

平衡个人隐私与商业利益是一个复杂而长期的过程，需要政府、企业、社会和个人共同努力。只有在确保个人隐私得到充分保护的前提下，商业利益才能得到可持续地发展。同时，这也有助于建立用户信任，推动数字经济的健康发展。

（二）信息安全与网络安全

1. 信息安全与网络安全事件对个人和社会的影响

网络安全事件对个人和社会的影响不容忽视，其深远且广泛的影响表现在多个层面。当网络安全受到威胁时，个人的隐私、财产甚至生命安全都可能受到侵害。例如，个人信息泄露可能导致身份盗窃、金融欺诈等犯罪活动，给个人带来严重的经济损失和心理压力。同时，网络攻击还可能对个人设备进行破坏，导致数据丢失或系统瘫痪，影响个人的日常生活和工作。

对社会而言，网络安全事件同样产生巨大的冲击。网络攻击可能导致关键基础设施如电力、交通、医疗等系统的瘫痪，给社会带来严重的后果。此外，网络安全事件还可能对国家安全造成威胁，如情报泄露、恶意软件攻击等，损害国家的利益和安全。

网络安全事件的频发也反映了当前网络安全防护的不足和挑战。随着技术的发展，网络攻击手段不断更新，攻击者可能利用漏洞、恶意软件等手段进行攻击，给网络安全带来极大的威胁。因此，加强网络安全防护，增强个人和社会的网络安全意识，成为当前亟待解决的问题。

2. 全力保障信息安全

政府在保障信息安全中扮演着至关重要的角色，通过制定和完善信息安全法律法规体系，为信息安全提供坚实的法律保障。首先，明确信息安全的标准和要求、规定企业和个人的信息安全义务和责任、加大对违法行为的惩罚力度等；其次，建立高效的信息安全监管机制，加强对企业和个人信息安全行为的监督和管理，及时发现和处置信息安全隐患；最后，加强与国际社会的合作与交流，共同应对跨国信息安全威胁和挑战。

对于企业而言,保障信息安全是其核心竞争力的重要组成部分,也是其履行社会责任的体现。企业需要建立健全的信息安全管理制度,通过制定和执行严格的安全政策和标准,确保企业数据的完整性和保密性。这包括定期进行安全风险评估、制订应急响应计划、实施数据加密等措施。企业应加强对员工的信息安全培训,增强员工的安全意识和技能,防止因人为失误导致的安全事件。企业还需要与合作伙伴和供应商共同维护信息安全,建立信任机制和合作框架,共同应对信息安全挑战。

(三)知识产权与数据产权

1. 数据作为新型资产的产权保护问题

随着数字经济的蓬勃发展,数据作为一种新型资产的产权保护问题日益凸显。数据产权不仅关乎数据创造者的合法权益,也是激发创新活力、推动数字经济发展的重要保障。然而,当前数据产权保护面临着诸多挑战和困境。

数据具有非排他性和易复制性,这使得数据产权的界定和保护变得异常困难。一旦数据被泄露或滥用,其产权难以得到有效维护。数据的价值往往与其应用场景和方式密切相关,而数据的流动和共享又是推动数字经济发展的关键。因此,在保护数据产权的同时,还需要平衡数据使用和共享的需求,避免过度保护阻碍数据的流通和应用。

2. 知识产权保护与技术创新的关系

知识产权保护为技术创新提供了法律保障和激励机制,激发了创新者的积极性和创造性。通过赋予创新者对其智力成果独占性的权利,知识产权保护确保了创新者能够从其创新活动中获得合理的经济回报,从而鼓励更多的创新投入。这种激励机制促进了技术的研发、应用和传播,推动了产业的发展和社会的进步。

同时,知识产权保护也为技术创新营造了良好的创新环境和竞争秩序。通过防止他人非法获取和使用创新成果,知识产权保护确保了创新者在市场竞争中的地位和优势,促进了公平竞争和创新氛围的形成。这种环境和秩序为技术创新提供了稳定的基础,吸引了更多的创新资源和人才，推动了创新的持续发展。

然而，知识产权保护也可能对技术创新产生一定的限制和约束。过度的知识产权保护可能导致技术垄断和市场壁垒，限制技术的传播和应用，抑制竞争和创新。因此，在保护知识产权的同时，也需要平衡考虑技术创新的需求和公共利益的实现，确保知识产权制度的合理性和有效性。

二、数字经济时代伦理道德的挑战与应对

（一）法律与伦理的互动关系

1. 法律法规在伦理道德建设中的作用与限制

在数字经济时代，法律法规在伦理道德建设中扮演着至关重要的角色，同时也受到一定的限制。法律法规通过明确的行为准则和制裁机制，为社会的伦理道德建设提供了有力的支撑。它们不仅界定了什么是合法和道德的行为，还通过惩罚违规行为来维护社会秩序和公平正义。然而，法律法规的制定和执行往往会受到各种因素的影响，如政治、经济、文化等，这可能导致其在某些情况下无法完全适应伦理道德的需求。

此外，法律法规的滞后性也是一个不可忽视的限制，新的伦理道德问题不断涌现，而法律法规的制定和修改往往需要一定的时间和程序，这使得法律法规在应对新兴伦理道德问题时显得捉襟见肘。因此，在数字经济时代的伦理道德建设中，不能仅仅依赖法律法规，还需要结合其他手段，如行业自律、社会监督、道德教育等，共同构建一个全面、有效的伦理道德体系。同时，也需要保持对法律法规的持续关注和改进，以适应不断变化的伦理道德需求。

2. 伦理原则在法律制定和执行中的体现

在数字经济时代，伦理原则在法律制定和执行中扮演着重要角色。伦理原则，如尊重人权、公正、诚信、责任等，为法律制定提供了价值基础和道德指导。在制定数字经济相关的法律法规时，必须充分考虑这些伦理原则，确保法律内容符合社会的道德期待和公正要求。

伦理原则也指导着法律执行的过程，在执行法律时，除了遵循法律

条文的规定，还必须考虑行为的伦理正当性。例如，在处理数字经济领域的违法行为时，执法机构不仅要依法进行处罚，还要考虑处罚的公正性和合理性，避免过度处罚或不当处罚。

此外，伦理原则还鼓励法律制定者和执行者在面对复杂或模糊的情况时，运用伦理判断来指导决策。这要求他们具备高度的道德责任感和职业伦理，以确保法律的公正实施和社会的福祉。

（二）企业责任与道德自律

1. 企业在数字经济时代的道德责任和自律机制

在数字经济时代，企业道德责任和自律机制的重要性越发凸显。企业在追求经济效益的同时，必须承担起保护用户隐私、确保数据安全、防止技术滥用的道德责任。这意味着企业需要在产品设计、开发到运营的全过程中，都融入伦理道德考量，确保技术为人类谋福祉而非风险服务。

企业应建立健全内部监管体系，通过制定行为准则、设立伦理审查机构、开展员工伦理培训等方式，确保企业决策和行动符合道德标准。此外，企业还应积极参与制定并且执行行业自律规范，与同行共同维护行业秩序和公平竞争。

数字经济时代下的企业道德责任和自律机制不仅有助于塑造企业的良好形象，提升品牌价值，更能为企业的可持续发展奠定坚实基础。面对日益复杂的伦理道德挑战，企业唯有坚守道德底线，强化自律意识，才能在激烈的市场竞争中立于不败之地。

2. 企业文化与伦理道德建设的融合

在数字经济时代，企业文化与伦理道德建设的融合尤为重要。企业文化不仅是企业内部的行为准则和价值观体现，更是企业对外展示形象和吸引人才的重要窗口。当企业文化与伦理道德建设紧密结合时，能够在企业内部形成正向的激励和约束机制，促使员工自觉遵守道德规范，增强企业的凝聚力和向心力。

同时，这种融合也有助于提升企业的社会责任感和公众形象。通过倡导诚信、公正、尊重等伦理道德价值观，企业能够在市场竞争中树立良好的品牌形象，赢得消费者的信任和支持。此外，企业文化与伦理道德建设的融合还有助于构建和谐的商业生态环境，促进企业与合作伙伴、客户、社会等各方面的协同发展。

（三）社会监督与公众参与

1. 社会监督在维护伦理道德中的作用

社会监督在维护伦理道德中扮演着至关重要的角色。它通过公众、媒体、非政府组织等多方力量的参与和协作，形成了一张全方位的监督网络，有效地约束和规范社会行为，确保其符合伦理道德标准。社会监督的作用不仅体现在对违法违规行为的揭露和批评上，更重要的是它能够促进企业、政府和个人自我约束、自我完善，形成良好的社会风尚。在数字经济时代，社会监督更是不可或缺。随着信息传播的加速和透明度的提高，社会监督能够及时发现和纠正数字经济领域中的伦理道德问题，维护公平竞争的市场环境，保护消费者的合法权益。因此，应该加强社会监督的力量，提高公众参与度，让伦理道德成为全社会的共同追求和自觉行动。

2. 公众参与在伦理道德建设中的意义与途径

公众参与在伦理道德建设中具有举足轻重的意义，是推动社会进步和文明发展的不竭动力。公众的广泛参与不仅能够提升伦理道德标准的制定和执行过程中的透明度和公正性，还能够增强社会成员对伦理道德规范的认同感和责任感。在数字经济时代，公众参与尤为重要。通过参与监督、讨论、倡议等活动，公众能够积极参与到数字经济领域的伦理道德建设中，共同塑造一个健康、公正、透明的数字生态。

实现公众参与的有效途径包括：建立健全的公众参与机制，如民意调查、听证会、公众咨询等，确保公众的声音能够被充分听取和反映；加强公众教育，增强公众的伦理道德意识和提升公众的参与能力；利用数字技术搭建便捷的参与平台，如在线调查、社交媒体等，降低公众参与的门槛和成本。通过这些途径，能够充分发挥公众参与在伦理道德建设中的重要作用，共同推动社会的文明进步。

第五章　数字经济发展的法律保障机制

第一节　"一带一路"背景下数字经济发展的法律保障机制

一、"一带一路"倡议的概述

"一带一路"是"丝绸之路经济带"和"21世纪海上丝绸之路"的简称。2013年9月和10月,国家主席习近平先后提出建设"新丝绸之路经济带"和"21世纪海上丝绸之路"的倡议。依靠中国与有关国家既有的双多边机制,借助既有的、行之有效的区域合作平台,"一带一路"旨在借用古代丝绸之路的历史符号,高举和平发展的旗帜,积极发展与合作伙伴的经济合作关系,共同打造政治互信、经济融合、文化包容的利益共同体、命运共同体和责任共同体。

共建"一带一路",顺应经济全球化的历史潮流,顺应全球治理体系变革的时代要求,顺应各国人民过上更好日子的强烈愿望。"一带一路"坚持共商共建共享原则,为全球经济复苏和发展提供了新的动力。

共建"一带一路",彰显人类前途光明前景;共建"一带一路",开创地区新型合作模式;共建"一带一路",推动构建人类命运共同体。

(一)数字经济在"一带一路"中的重要性

作为新兴国际公共产品,"一带一路"建设旨在通过提高有效供给催生新需求,进而实现世界经济的再平衡、再升级。其中,聚焦现实需求和未来发展的数字经济,已经成为当前创新最活跃、辐射最广泛的新经济形态,有望成为"一带一路"共建国家实现跨越式发展的新引擎,全球经济复苏和增长的新动力。中国数字经济发展的红利,正以中国网络企业"走出去"的形式惠及周边、造福全球。插上数字经济的翅膀，有利于"一带一路"共建国家发展共享经济、提升治理水平。共享更高水平的发展成果是"一带一路"建设的出发点和落脚点。

（二）法律保障机制对数字经济发展的意义

法律保障机制对数字经济发展的意义在于为数字经济的健康、有序和可持续发展提供坚实的法律支撑。随着数字技术的迅速发展和广泛应用，数字经济已成为推动全球经济增长的重要引擎。然而，数字经济的发展也面临着诸多挑战，如数据安全、隐私保护、知识产权侵权、跨境数据流动等问题。因此，建立完善的法律保障机制，通过制定和实施相关法律法规，明确数字经济的法律地位、权利和义务，规范市场行为，保护各方利益，促进公平竞争，对于推动数字经济的健康发展具有至关重要的意义。同时，法律保障机制还能够提升数字经济的国际竞争力，为企业在全球范围内开展数字经济活动提供法律保障，推动数字经济领域的国际合作与交流，共同应对全球性挑战，促进数字经济的繁荣与发展。①

二、数字经济发展的现状与挑战

（一）"一带一路"共建国家数字经济发展现状

数字经济发展驱动力比较单一，产业互联网亟待补足。在一些"一带一路"共建国家，数字经济以消费互联网和产业互联网"双腿跑"的方式向前发展，我国是消费互联网一枝独秀，产业互联网刚刚起步，急需补上产业互联网这门课。国家发展改革委、中央网络安全和信息化委员会办公室等部委十分重视产业互联网发展，以产业互联网平台、公共性服务平台等作为产业数字化的主要载体。"构建多层联动的产业互联网平台"是我国推进"上云用数赋智"行动的主要方向。我国产业互联网的发展潜力和市场空间极大。我国有1.8亿多户市场主体，还有众多政府部门、学校、医院、事业单位、社会团体等组织机构，它们对应用数

---

① 胡拥军，单志广. 数字引领未来：数字经济重点问题与发展路径研究[M]. 北京：中国计划出版社，2023.

字技术提高生产经营效率有着强烈的需求,产业互联网发展前景广阔。

(二)数字经济发展中面临的主要挑战

数字经济发展中面临的主要挑战包括技术创新与安全保障之间的平衡、数据隐私保护与利用的矛盾、国际规则制定权的竞争、数字经济治理体系的完善,以及数字经济与传统产业融合发展的难题等。随着数字技术的飞速发展,如何在确保技术创新的同时维护网络安全和数据安全成为一大挑战。此外,如何在保护个人隐私的同时充分利用数据资源,实现数据价值的最大化,也是数字经济发展中需要解决的重要问题。在国际层面,各国在数字经济领域的竞争日益激烈,如何争取国际规则制定的话语权,提升我国在全球数字经济治理中的影响力,也是一大挑战。同时,数字经济与传统产业的融合发展也是一大难题,需要解决技术、人才、政策等多方面的问题,以推动数字经济与传统产业的深度融合,实现经济的高质量发展。

(三)法律保障机制在应对挑战中的作用

法律保障机制在应对数字经济发展的挑战中发挥着至关重要的作用。面对技术创新与安全保障、数据隐私保护与利用、国际规则制定权等挑战,完善的法律保障机制能够为数字经济发展提供明确的法律框架和规范,确保技术创新在法治轨道上进行,保障网络安全和数据安全。同时,通过制定和实施数据保护法、个人信息保护法等法律法规,法律保障机制能够平衡数据隐私保护与利用的关系,在保护个人隐私权益的同时促进数据的合理利用。在国际层面,法律保障机制还能够推动我国积极参与全球数字经济治理体系的构建和完善,争取国际规则制定的话语权,提升我国在全球数字经济治理中的影响力和地位。此外,法律保障机制还能够为数字经济与传统产业的融合发展提供制度保障,推动传统产业转型升级,实现经济的高质量发展。因此,加强法律保障机制的建设并完善法律保障机制,是应对数字经济发展挑战的重要举措。

三、法律保障机制的核心要素

（一）法律法规的完善

1. 国内外法律法规的对接

在数字经济时代，法律法规的完善是确保数字经济健康、有序、可持续发展的基石。国内外法律法规的对接是其中一个核心要素，它涉及跨境数据流动、国际经济贸易合作、知识产权保护等多个方面。随着全球化的深入发展，数字经济已经超越了国界的限制，成为全球范围内的活动。因此，国内法律法规需要与国际接轨，确保在维护国家主权、安全和利益的同时，促进数字经济的国际合作与交流。

在数据保护方面，随着大数据、云计算、人工智能等技术的广泛应用，数据已经成为数字经济时代的重要资产。数据保护法律法规的完善，需要确保个人数据的隐私权益得到充分保护，同时也要促进数据的合理利用和流通。这需要在保护个人隐私与推动数字经济发展之间找到平衡点，制定既符合国际通行做法又符合本国国情的数据保护法律法规。

在知识产权方面，创新是数字经济发展的重要驱动力，而知识产权是保护创新成果的重要方法。完善的知识产权法律法规，能够激励企业和个人进行技术创新和创意创造，推动数字经济的创新发展。同时，对于跨国企业来说，完善的知识产权保护制度还能够为其在全球范围内开展业务提供法律保障，增强其在国际市场上的竞争力。

2. 数据保护、隐私权和知识产权的法律保障

除了数据保护和知识产权外，法律法规的完善还需要关注数字经济领域的其他重要问题，如网络安全、电子商务、数字税收等。这些问题的妥善解决，能够为数字经济的健康发展提供有力支撑。

在实现国内外法律法规对接的过程中，需要充分考虑各国的法律传统、法律体系、经济发展水平等因素，寻求共同点和合作空间。同时，也要尊重各国的法律主权和独立性，避免将一国的法律标准强加于其他国家。通过加强国际合作与交流，共同完善数字经济领域的法律法规，为数字经济的全球发展创造更加良好的法治环境。

此外，法律保障机制还需要关注法律实施和执行的问题。仅仅制定

完善的法律法规是不够的,还需要确保这些法律法规能够得到有效实施和执行。这需要加强执法机构的建设和培训,提高执法人员的专业素质和执法能力。同时,还需要建立有效的监督机制和问责机制,确保法律法规的执行不偏离轨道,维护公平、公正的市场环境。

(二)监管体系的建立

1. 跨境数据流动的监管

跨境数据流动的监管是数字经济法律保障机制中极为重要的一环,它涉及国家安全、隐私保护、商业机密等多个敏感领域。随着数字经济的迅速发展,数据已经成为全球范围内的重要资源,跨境数据流动也日益频繁。然而,这种流动也带来了诸多风险和挑战,如数据泄露、隐私侵犯、非法数据交易等。因此,建立有效的跨境数据流动监管体系变得尤为重要。

这一监管体系需要综合考虑国家安全、个人隐私、商业利益等多方面因素,制定科学、合理的监管规则和标准。首先,要明确跨境数据流动的合法性和合规性,制定清晰的数据出境和入境规定,防止非法数据的跨境流动;其次,要加强对跨境数据流动的监测和预警,及时发现和处理潜在的风险和问题;最后,还需要建立跨境数据流动的审查机制,对涉及国家安全、个人隐私等重要领域的数据流动进行严格审查,确保数据的合法性和安全性。

此外,跨境数据流动的监管还需要加强国际合作与交流,共同应对全球性挑战。各国应加强信息共享、经验交流和技术合作,共同制定国际通用的数据流动规则和标准,推动全球数字经济的健康、有序发展。

2. 数字经济相关市场的监管

数字经济相关市场的监管是确保数字经济健康有序发展的关键。随着数字技术的迅猛发展和广泛应用,数字经济市场日益庞大且复杂,涵盖了电子商务、互联网金融、大数据、云计算等多个领域。这些市场的特性使得传统监管方式难以完全适应,因此,建立专门针对数字经济相关市场的监管体系至关重要。

这一监管体系需要依托先进的技术方法,如大数据分析、人工智能等，对数字经济市场进行实时监测和动态管理。同时，要制定和完善相关法律法规，明确市场主体的权利和义务，规范市场行为，防止市场失灵和恶性竞争。监管部门还需要加强与行业协会、企业等各方的合作与沟通，共同制定行业标准，推动行业的自律发展。

数字经济相关市场的监管不仅要关注国内市场，还要放眼全球，积极参与国际监管合作与协调。通过加强与国际组织的合作，共同应对数字经济领域的全球性挑战，推动形成公平、开放、透明的国际数字经济市场规则体系。

（三）争议解决机制的设计

1. 国际商事争议解决的方式

国际商事争议解决的方式在数字经济时代显得尤为关键，它直接关系到跨境交易的顺利进行以及国际商业合作的稳定性。传统上，国际商事争议主要通过诉讼和仲裁两种途径来解决。诉讼依赖于各国国内的法律体系，但可能面临法律差异、司法效率以及判决承认与执行等挑战。而仲裁则以其灵活性、保密性和终局性受到广泛青睐，特别是在涉及不同法律体系和商业文化的背景下。

在数字经济领域，由于交易的虚拟性、数据跨境流动的无形性以及技术的迅速更迭，争议解决机制需要更加高效和适应性更强。因此，国际商事仲裁机构纷纷推出适应数字经济特点的仲裁规则，如在线仲裁、快速仲裁等，以降低成本、提高效率。同时，调解作为一种非对抗性的争议解决方式，也在数字经济争议中发挥着越来越重要的作用。

2. 数字经济争议的特殊性及其解决策略

在数字经济时代，国际商事争议解决的方式显得尤为重要，因为它们直接关系到跨境交易的稳定性和全球商业合作的顺利进行。传统的国际商事争议解决方式主要包括诉讼和仲裁。诉讼通常涉及复杂的法律程序和长时间的等待，而且不同国家的法律体系可能存在差异，这可能导致判决的不一致和难以执行。相比之下，仲裁因其灵活性、保密性和中立性而受到广泛欢迎。在国际商事争议中，仲裁通常更加高效，且更容易得到国际承认和执行。

随着数字经济的快速发展，传统的争议解决方式已不能完全满足需求。因此，设计适应数字经济特点的新型争议解决机制变得至关重要。这些机制需要考虑到数字技术的特点，如数据的跨境流动、交易的匿名性等，以确保争议能够迅速、有效地得到解决。同时，这些机制还需要兼顾公平、透明和可预测性，以维护各方当事人的合法权益。

四、构建"一带一路"数字经济法律保障机制的路径

（一）加强国际合作与对话

1. 与"一带一路"共建国家在法律领域的合作

构建"一带一路"数字经济法律保障机制需要加强国际合作与对话。与"一带一路"共建国家在法律领域的合作是其中的关键之一。通过加强跨境数据流动监管、电子商务规则制定等方面的合作，可以共同应对全球性挑战，推动数字经济的繁荣与发展。

具体来说，可以建立定期的数字经济法律政策交流机制，分享各国在数字经济领域的立法经验、实践案例和最佳做法。同时，积极参与国际数字经济治理体系的构建和完善，争取在国际规则制定中发挥更大作用。此外，还可以开展联合研究项目，共同探讨数字经济领域的热点问题，提出解决方案。

通过加强国际合作与对话，可以促进各国在数字经济领域的互利共赢，推动全球数字经济的健康发展。这不仅有助于提升我国在全球数字经济治理中的影响力和地位，也有助于为共建"一带一路"提供更加坚实的法治保障。

2. 参与国际数字经济法律规则的制定

参与国际数字经济法律规则的制定是构建"一带一路"数字经济法律保障机制的重要途径。随着数字经济的全球化和网络化特征日益明显，国际社会对制定统一、公正、透明的数字经济法律规则的需求日益迫切。中国作为"一带一路"倡议的发起国，积极参与国际数字经济法律规则的制定，不仅有助于维护国家利益和推动国内数字经济的健康发展，更能够为全球数字经济治理贡献中国智慧和方案。

通过参与国际数字经济法律规则的制定，中国可以深入了解国际数字经济法律规则的前沿动态和发展趋势，把握全球数字经济治理的主动权。同时，中国还可以将自身在数字经济领域的成功经验和做法分享给国际社会，推动形成符合各国共同利益和发展需要的国际数字经济法律规则。

在参与国际数字经济法律规则制定的过程中，中国需要注重平衡各方利益，推动形成公正、合理、有效的国际数字经济法律规则体系。同时，还需要加强与其他国家的沟通和协调，共同推动国际数字经济法律规则的完善和实施。

（二）完善国内法律法规体系

1. 制定与数字经济相适应的新法规

制定与数字经济相适应的新法规，是完善国内法律法规体系、构建"一带一路"数字经济法律保障机制的关键步骤。随着数字技术的迅猛发展和广泛应用，数字经济已成为推动全球经济增长的重要引擎。然而，数字经济的快速发展也带来了一系列新的法律挑战，如数据隐私保护、网络安全、电子商务纠纷等。因此，制定与数字经济相适应的新法规显得尤为重要。

这些新法规需要充分考虑数字经济的特殊性，如数据的非竞争性、易复制性等特点，以及数字经济对传统产业和市场结构带来的深刻变革。在立法过程中，应坚持问题导向，针对数字经济领域出现的新问题、新挑战，制定具有针对性、可操作性的法律规范。同时，还要注重与国际接轨，借鉴国际上的先进经验和做法，确保国内法规与国际规则的有效衔接。

制定与数字经济相适应的新法规，不仅有助于为数字经济的健康发展提供法律保障，也有助于提升我国在全球数字经济治理中的话语权和影响力。通过完善国内法律法规体系，可以更好地保护消费者权益、维护市场公平竞争、促进数据安全和隐私保护，进而推动数字经济的可持续发展。同时，这也将为"一带一路"共建国家提供更多的合作机遇和法治保障，共同推动全球数字经济的繁荣与进步。

2. 修订现有法规以适应数字经济发展

修订现有法规以适应数字经济发展，是完善国内法律法规体系、推动"一带一路"数字经济法律保障机制建设的重要任务。随着数字技术的深入应用和数字经济的蓬勃发展，传统法律法规体系在应对数字经济新型业态、新型模式时显得捉襟见肘，无法完全适应其快速发展和变革的需求。因此，及时修订现有法规，使其与数字经济发展相适应，成为当前法治建设的紧迫任务。

在修订现有法规的过程中，应坚持问题导向，针对数字经济发展中遇到的新问题、新挑战，进行针对性的修改和完善。同时，要注重保持法律法规的稳定性和连续性，避免频繁修订给市场主体带来不必要的困扰。此外，还要加强法律法规之间的协调性和衔接性，确保各项法规在数字经济领域形成有机统一的整体。

修订现有法规的过程也是一个不断学习和创新的过程。应积极借鉴国际先进经验，吸收国内外优秀法治成果，不断完善和优化国内法律法规体系。同时，还要鼓励市场主体积极参与法律法规的修订过程，充分听取各方意见，确保修订后的法规更加符合市场实际和发展需求。

通过修订现有法规以适应数字经济发展，可以为数字经济提供更加健全、完善的法治保障，推动其健康、有序、可持续发展。同时，这也将为"一带一路"共建国家提供更加广阔的合作空间和更加坚实的法治支撑，共同推动全球数字经济繁荣与发展。

（三）提升法律实施与执行效率

1. 加大执法力度和监管能力

加大执法力度和监管能力是提升法律实施与执行效率、构建"一带一路"数字经济法律保障机制的关键环节。在数字经济时代，数据跨境流动、网络交易、个人信息保护等问题日益凸显，对执法和监管提出了更高的要求。因此，需要采取一系列措施来加大执法力度和提升监管能力。

首先，要加大执法力度，确保数字经济领域的法律法规得到严格执行。这包括建立健全执法机制，明确执法主体和职责，加大对违法行为的查处力度，形成对违法行为的有效震慑。同时，要加强对执法人员的培训和教育，提高他们的专业素养和执法能力，确保他们能够适应数字经济领域执法工作的需要。

其次，要加强监管能力，提高监管效率和水平。这包括完善监管体系，建立健全监管机制，明确监管对象和范围，加强对数字经济活动的日常监管和风险评估。同时，要加强监管技术的创新和应用，使用大数据、人工智能等先进技术方法提高监管效率和精准度。

最后，还要加强跨部门、跨地区的协作配合，形成合力，共同应对数字经济领域的挑战。通过加强信息共享、联合执法、联合监管等方式，提高执法和监管的整体效能。

2. 提升法律意识和法治水平

提升法律意识和法治水平是确保数字经济法律保障机制有效运行、推动"一带一路"倡议深入实施的重要基础。在数字经济快速发展的背景下，提高全社会的法律意识和法治水平显得尤为重要。这不仅有助于保障数字经济的健康发展，还能为"一带一路"共建国家提供坚实的法治支撑，促进沿线国家的经济合作与交流。

加强法律教育和宣传，提高公众对数字经济法律法规的认知和理解。通过在学校、社区、企业等各个层面开展数字经济法律教育，普及数字经济法律知识，引导公众自觉遵守法律法规，营造良好的法治氛围。

强化政府、企业和个人的法治意识，确保各方在数字经济活动中依法行事。政府加强对数字经济法律法规的制定，确保政策措施的合法性和有效性；企业应建立完善的内部合规机制，自觉遵守法律法规，维护公平竞争的市场环境；个人应增强法治观念，保护个人信息安全，维护自身合法权益。

加强国际法治交流与合作，共同推动全球数字经济法治化进程。通过参与国际数字经济法律规则的制定和实施，加强与国际组织、沿线国家的法治交流与合作，共同推动全球数字经济法治化进程，为"一带一路"倡议的深入实施提供坚实的法治保障。

第二节　数字经济发展的法律监管及其完善路径

在数字化浪潮中，数字经济已成为全球经济增长的重要引擎。然而，随着数字技术的飞速发展，其带来的法律挑战日益凸显。数据隐私泄露、网络安全事件频发、市场竞争失序等问题，不仅影响数字经济的健康发展，也对全球法律监管体系提出了新的考验。因此，完善数字经济的法律监管机制，构建适应数字经济发展的法治环境，已成为各国政府和国际社会共同关注的焦点。

本节旨在探讨数字经济发展的法律监管现状及其完善路径，分析数字经济带来的法律挑战，评估现有法律监管框架的效能，并提出针对性的完善建议。通过加强国际合作与对话、完善国内法律法规体系、提升法律实施与执行效率以及利用技术手段强化法律监管等措施，期望能够构建一个更加健全、高效、灵活的数字经济法律监管体系，为数字经济的可持续发展提供坚实的法治保障。

一、数字经济发展面临的主要法律挑战与问题

（一）数据隐私与保护

在数字经济时代，数据隐私与保护成为首要的法律挑战。随着大数据、云计算等技术的广泛应用，个人数据的收集、存储、传输和使用变得日益普遍。然而，这些数据往往涉及个人隐私，如身份信息、健康状况、消费习惯等，一旦泄露或被滥用，将给个人带来严重损失。同时，企业在数据处理过程中也可能面临合规风险，如未经用户同意收集数据、未经授权使用数据等，这些都可能导致法律纠纷和处罚。

（二）网络安全风险

随着数字经济的迅猛发展，网络安全风险也越发突出，成为数字经济法律监管面临的重要挑战之一。网络攻击、数据泄露、恶意软件等网络安全事件频发，不仅给企业和个人带来巨大经济损失，还可能威胁国

家安全和社会稳定。这些风险的存在，不仅源于技术的固有漏洞和缺陷，更与人为的疏忽和管理不当密切相关。

（三）市场准入与公平竞争

数字经济市场日益繁荣，但同时也出现了不少市场准入和公平竞争方面的挑战。首先，在市场准入方面，由于数字经济具有跨界性、平台化等特点，使得市场准入门槛相对较低，但也容易滋生不正当竞争和垄断行为。因此，需要建立健全的市场准入机制，明确市场准入条件和程序，确保各类市场主体公平参与市场竞争。其次，在公平竞争方面，数字经济市场中的信息不对称、数据资源垄断等问题可能导致市场失灵，损害消费者权益和公平竞争秩序。

（四）跨境数据流动与监管

数据的跨境流动已成为推动贸易、投资和创新的关键要素。然而，这种流动也带来了前所未有的法律挑战。

跨境数据流动涉及不同国家和地区的法律管辖问题，各国在数据保护、隐私权、知识产权等方面的法律规定存在差异，导致数据在跨境传输时可能面临法律冲突和适用困境。这种法律碎片化不仅增加了企业的合规成本，也限制了数据的自由流动和全球数字经济的潜力。

跨境数据流动面临着数据安全和隐私保护的严峻挑战，由于黑客攻击、网络犯罪和数据泄露事件的频发，个人和企业的数据安全受到严重威胁。如何在保障数据安全和隐私的同时，促进数据的跨境流动，成为各国政府和国际社会亟待解决的问题。[1]

跨境数据流动还涉及国家安全和主权的问题，数据作为一种重要的战略资源，具有极高的经济价值和国家安全意义。在跨境数据流动中，如何平衡数据的安全性和自由流动，维护国家主权和利益，成为各国政府需要关注的重要问题。

跨境数据流动与监管还面临着技术发展和创新的挑战，随着大数据、云计算、人工智能等技术的快速发展，数据的处理和利用方式发生了深刻变革。这对传统的监管模式和法律体系提出了新的要求，需要各国政

---

[1]王世渝. 数字经济驱动的全球化[M]. 北京：中国民主法制出版社，2020.

府和国际社会不断创新监管手段，以适应数字经济的发展趋势。

二、现有法律监管框架分析

（一）国际层面法律监管框架

1. 多边合作机制

在国际层面，多边合作机制在构建数字经济法律监管框架中发挥着至关重要的作用。随着数字技术的飞速发展和全球数字经济的深度融合，单一国家已难以独自应对跨境数据流动、网络安全、知识产权保护等复杂多变的法律问题。因此，国际社会通过多边合作机制，加强协调与合作，共同构建适应数字经济发展的国际法律监管框架。

多边合作机制为各国提供了一个共同商讨、制定和执行数字经济法律监管规定的平台。通过国际组织如联合国、世界贸易组织、国际电信联盟等，各国可以就数字经济的法律问题进行深入研讨，分享经验和做法，形成共识并转化为具有约束力的国际规则。这些规则不仅有助于规范全球数字经济的运行秩序，促进数据跨境流动和贸易自由化，还能为各国提供法律支持和保障，减少法律冲突和不确定性。多边合作机制还促进了国际合作与对话，增强了各国在数字经济法律监管领域的互信与合作。通过定期举行会议、开展合作项目、建立信息共享机制等方式，各国可以加强沟通与交流，共同应对数字经济带来的挑战。这种合作不仅有助于提升各国法律监管的水平和能力，还能推动全球数字经济朝着更加开放、包容、普惠的方向发展。

2. 国际软法规范

国际软法规范在构建数字经济法律监管框架中扮演着重要角色。相较于具有法律约束力的硬法，国际软法规范虽然不具有强制执行力，但它们通过提供原则性指导、最佳实践建议以及行业自律准则等方式，对数字经济领域的法律监管发挥着重要的补充和促进作用。

国际软法规范往往由国际组织、跨国公司、行业协会等多方参与制定，具有广泛的代表性和多元性。这些规范通过凝聚各方共识，为数字经济领域的法律监管提供了灵活而富有弹性的指导原则。例如，在数据隐私保护方面，国际软法规范可以提供关于数据收集、存储、传输和使用的最佳实践建议，帮助各国政府和企业在保障数据安全和促进数据流动之间找到平衡点。

此外，国际软法规范还通过促进行业自律和推动标准制定等方式，为数字经济法律监管提供了有力支持。通过制定行业标准和技术规范，国际软法规范可以推动数字经济的健康发展，减少不正当竞争和市场失灵现象。同时，行业自律机制也可以在国际软法规范的引导下发挥积极作用，促进企业自觉遵守法律法规，维护市场公平竞争秩序。

（二）国内层面法律监管框架

1. 法律法规体系

在国内层面，构建数字经济法律监管框架的首要任务是建立完善的法律法规体系。这一体系需要全面覆盖数据保护、网络安全、电子商务、知识产权保护等多个关键领域，确保数字经济活动的合规性和可持续性。

法律法规体系的建立需要紧跟数字技术的发展趋势，及时修订和完善现有法律法规，填补监管空白。同时，还需要根据数字经济的特性，制定具有针对性的法律条款，以应对数据跨境流动、算法歧视、人工智能伦理等新型法律问题。

在数据保护方面，国内法律法规体系应明确数据的权属、流转规则和保护标准，加强个人数据隐私的保护。同时，对于涉及国家安全和企业商业秘密的数据，也应制定严格的监管措施，防止数据泄露和滥用。

在网络安全方面，法律法规体系应强化网络安全责任制，明确网络运营者、用户等各方在网络安全中的责任和义务。同时，还应加强对网络攻击、网络犯罪等行为的打击力度，提高网络安全防护能力。

在电子商务方面，法律法规体系应规范电子商务平台的运营行为，保障消费者权益和公平竞争秩序。针对网络欺诈、虚假宣传等违法行为，应制定严格的处罚措施，维护市场秩序和消费者权益。

在知识产权保护方面，国内法律法规体系应完善知识产权登记、审查、维权等环节的规定，加大对侵犯知识产权行为的打击力度。同时，还应加强与国际组织的合作，共同打击跨国知识产权侵权行为。

2. 监管机构与职能

在国内层面构建数字经济法律监管框架时，监管机构的设立与职能的明确至关重要。监管机构是执行法律法规、监督市场行为、保障公共利益的核心力量，其设置需要考虑数字经济的特殊性和复杂性。

监管机构应具备专业性和独立性，数字经济涉及的技术领域广泛且更新迅速，监管机构需要具备相应的技术背景和专业知识，以便准确理解和应对市场中的新挑战和问题。同时，监管机构还应保持独立性，不受其他政府部门或利益团体的干预，确保其监管决策公正、透明和有效。

监管机构的职能应全面覆盖数字经济的各个方面，包括数据保护、网络安全、电子商务、知识产权保护等多个领域。监管机构需要制定和执行相关法规、监督市场主体的合规行为、处理违法违规案件，并提供咨询和指导服务。同时，随着数字经济的不断发展，监管机构的职能也需要不断扩展和更新，以适应新的市场变化和监管需求。

在数据保护和网络安全方面，监管机构应负责制定和执行严格的数据保护和网络安全标准，监督企业遵守相关法律法规，保护个人隐私和国家安全。同时，监管机构还应建立高效的应急响应机制，及时应对和处理网络安全事件和数据泄露事件，减少损失和风险。

在电子商务和知识产权保护方面，监管机构应加强对电子商务平台的监管，打击网络欺诈、虚假宣传等违法行为，维护市场秩序和消费者权益。同时，监管机构还应加大对侵犯知识产权行为的打击力度，保护创新成果和知识产权所有者的合法权益。

此外，监管机构还应具备跨部门和跨地区的协调能力。数字经济具有跨界性和全球性特征，监管机构需要与其他政府部门、行业协会、国际组织等建立紧密的合作关系，共同应对数字经济带来的挑战。通过跨部门和跨地区的协调合作，可以提高监管效率和效果，减少监管套利和市场分割现象发生。

三、法律监管的完善路径

(一) 积极参与国际数字经济法律规则的制定

积极参与国际数字经济法律规则的制定，对于完善国内法律监管框架、提升我国在全球数字经济治理中的话语权和影响力具有重要意义。通过参与国际规则制定，可以深入了解国际数字经济法律规则的发展趋势和前沿动态，结合国内实际情况，制定出既符合国际通行做法又具有中国特色的数字经济法律规则。这不仅可以有效规范国内数字经济活动、保障数据安全和消费者权益，还能为我国数字经济的健康发展提供坚实的法治保障。同时，积极参与国际规则制定还能提升我国在国际数字经济治理中的话语权和影响力，推动形成更加公正合理的国际经济治理体系。

(二) 完善国内法律法规体系

1. 制定与数字经济相适应的新法规

在完善国内法律法规体系的过程中，制定与数字经济相适应的新法规尤为重要。随着数字技术的迅猛发展，传统法律框架已经难以适应数字经济的新特点、新需求。因此，急需制定一系列与数字经济相适应的新法规，以更好地规范和引导数字经济的健康发展。

数字经济具有跨界性、虚拟性、动态性等特点，这要求在制定法规时，要充分考虑这些特点，确保法规的针对性和有效性。例如，对于数据资源的保护和利用，需要制定专门的数据保护法，明确数据的权属、流转规则和保护标准，以保障数据的安全和有效利用。

数字经济涉及政府、企业、消费者等多方主体，各方利益诉求复杂多样。在制定法规时，要充分听取各方意见，平衡各方利益，确保法规的公正性和可行性。例如，在制定电子商务平台管理法规时，既要保护消费者的合法权益，也要考虑平台企业的合理利益，以促进电子商务的健康发展。

数字经济是以创新为驱动的经济形态，新技术、新应用层出不穷。在制定法规时，要保持一定的灵活性和前瞻性，为数字技术的创新发展留出足够的空间。同时,对于具有颠覆性影响的新技术、新应用,也要及时制定相应的法规进行规范,确保其健康有序发展。

数字经济涉及领域广泛,与其他经济领域存在密切联系。在制定新法规时,要加强与其他法律法规的衔接和协调,确保法律法规之间的逻辑严密、相互支撑。这不仅可以提高法律法规的整体效能,还有助于减少法律冲突和监管套利现象发生。

2. 修订现有法规以适应数字经济发展

随着数字经济的快速发展,现有法规体系在适应性和有效性方面面临着诸多挑战。为了确保法规体系与数字经济同步发展,对现有法规进行修订显得尤为重要。

修订现有法规的首要任务是识别和解决数字经济带来的新型法律问题和挑战,这包括数据跨境流动、个人隐私保护、算法歧视、人工智能伦理等问题。针对这些问题,需要对现有法规进行修订,明确相关法律责任和权利义务,为数字经济的健康发展提供明确的法律指引。

在数字经济与传统经济融合发展的背景下,需要确保修订后的法规既能满足数字经济的需求,又能保护传统经济的合法权益。这需要其在修订过程中充分听取各方意见,进行利益平衡和协调。

同时,修订现有法规还要关注数字技术的创新发展和市场变化。随着数字技术的不断创新和市场环境的不断变化,现有法规可能无法完全适应新的情况。因此,修订过程要具有前瞻性和灵活性,为数字技术的创新发展和市场变化留出足够的空间。

此外,修订现有法规还需要加强与其他国家和地区的合作与协调。数字经济具有全球性和跨界性特点,各国在法规制定和修订过程中需要加强沟通与合作,共同应对数字经济带来的挑战。通过国际合作与协调,可以形成更加公正合理的国际经济治理体系,促进全球数字经济的可持续发展。

在修订现有法规的过程中,还应注重法规的稳定性和连续性。尽管数字经济发展迅速,但法规体系需要保持一定的稳定性和连续性,以确保市场主体的合法权益和市场预期的稳定性。因此,在修订现有法规时，要在保持稳定性和连续性的基础上进行适当的调整和完善。

（三）提升法律实施与执行效率

1. 加大执法力度和增强监管能力

加大执法力度和增强监管能力是提升法律实施与执行效率的关键举措，这要求在数字经济领域加大执法力度，严厉打击各种违法违规行为，确保法律法规的严肃性和权威性。同时，还需要提升监管能力，加强对数字经济活动的日常监管和风险评估，及时发现和化解风险隐患。为此，需要建立健全执法和监管机制，加强执法队伍和监管队伍的建设，提高他们的专业素质和执法能力。此外，还应充分应用现代科技方法，如大数据、人工智能等，提高执法和监管的智能化、精准化水平，实现对数字经济活动的全面、高效监管。通过这些措施的实施，可以有效提升法律实施与执行效率，为数字经济的健康发展提供有力保障。

2. 提升法律意识和法治水平

法律意识是指人们对法律的认同、尊重和遵守的自觉程度，而法治水平则是指国家治理体系和治理能力中法治元素的运用和效能。在数字经济时代，提升法律意识和法治水平意味着培养公众对数字经济法律法规的认知和尊重，确保他们在经济活动中能够依法行事，维护市场秩序和公平竞争。

（四）利用技术手段强化法律监管

1. 大数据、人工智能等技术的应用

利用大数据、人工智能等先进技术手段强化法律监管，是提升法律实施与执行效率的关键途径。这些技术能够实现对数字经济活动的全面、精准监测，有效识别和评估潜在风险，为执法和监管提供有力支持。

通过大数据技术，可以收集、整理和分析海量的数字经济数据，发现异常交易、非法活动等行为模式，为执法机构提供精准的线索和证据。同时，人工智能技术的应用，如自然语言处理、机器学习等，能够自动化处理和分析法律文本，提高法律咨询的效率和准确性。

此外，这些技术还能够辅助执法和监管机构进行风险评估和预测，提前发现潜在的法律风险，为制定和执行相应的法律措施提供科学依据。

通过实时监测和数据分析,能够及时发现违法行为,并采取有效措施进行打击,维护数字经济的健康发展。

2. 监管科技创新与监管模式创新

监管科技创新与监管模式创新是提升法律监管效能、应对数字经济挑战的重要手段。随着数字技术的飞速发展,传统的监管方式已难以完全适应新型经济形态的需求,因此,需要不断创新监管科技,探索更加有效的监管模式。

监管科技创新主要体现在应用先进技术方法提高监管效能。例如,通过应用大数据、人工智能等技术,可以实现对数字经济活动的实时监控、风险预警和精准打击,显著提高监管的效率和准确性。同时,这些技术还有助于提升监管数据的收集、处理和分析能力,为政策制定提供科学依据。

监管模式创新则是指在传统监管方式的基础上,结合数字经济的特点和发展趋势,探索更加灵活、高效的监管方式。例如,可以尝试建立跨部门、跨领域的协同监管机制,加强信息共享和联合执法,形成监管合力。此外,还可以推动监管机构与企业、行业协会等多元主体共同参与监管,形成政府引导、市场主导、社会参与的监管格局。

第三节 数字经济发展的安全风险防控机制建设路径

在数字经济快速发展的同时,也必须清醒地认识到,与之相伴的安全风险也日益凸显。数据泄露、网络攻击、技术漏洞、法律法规滞后等问题,给数字经济的稳健发展带来了不小的挑战。因此,构建科学有效的安全风险防控机制,对于保障数字经济的健康、可持续发展具有重要意义。

安全风险防控机制的建设,需要在深入理解数字经济特点和发展规律的基础上,全面分析安全风险的来源、影响和发展趋势。只有这样,才能制定出符合实际、具有针对性的防控策略,确保数字经济在稳定安全的环境中实现快速发展。

同时，还应认识到，安全风险防控机制的建设不是一蹴而就的，而是一项长期而艰巨的任务。需要不断完善机制框架，加强技术研发和创新，提升法律法规和监管体系的效能，促进多元主体的协同合作，确保风险防控机制能够随着数字经济的发展而不断优化和升级。

一、安全风险防控机制的重要性

安全风险防控机制在数字经济发展中具有举足轻重的地位。随着数字技术的广泛应用和数字经济规模的迅速扩张，安全风险也随之增加，如数据泄露、网络攻击、技术漏洞等，这些风险不仅可能损害企业的经济利益和声誉，还可能威胁国家安全和社会稳定。因此，建立健全的安全风险防控机制尤为重要。

首先，安全风险防控机制能够提前识别和评估潜在的安全风险，为政府部门和企业提供决策依据，避免或减少安全事件的发生；其次，安全风险防控机制有助于政府部门和企业及时应对和处理已经发生的安全事件，减轻其带来的损失和影响；最后，安全风险防控机制能够提升整个社会对数字经济的信任度，促进数字经济的健康发展。一个安全、稳定的数字经济环境将吸引更多的投资和创新，推动经济的持续增长。

安全风险防控机制还能够促进法律法规的完善和执行，提升企业和个人的法律意识和合规意识，为数字经济的规范发展提供有力保障。通过强化监管和执法力度，可以有效打击数字经济领域的违法行为，维护市场秩序和公平竞争。

二、安全风险识别与分析

（一）识别数字经济中的主要安全风险

在数字经济中，主要的安全风险涵盖了多个方面，它们直接威胁到数字经济的稳健运行和持续发展。其中，数据安全风险尤为突出，因为数字经济的核心在于数据的收集、存储、处理和传输。一旦数据泄露或被非法获取，不仅个人隐私和企业机密将受到侵害，还可能对国家安全和社会稳定造成严重影响。此外，网络安全风险也不容忽视，网络攻击、病毒传播、恶意软件等威胁着数字经济的基础设施和关键信息系统的安全稳定运行。技术漏洞风险同样重要,由于数字经济高度依赖信息技术,技术漏洞的存在可能导致系统崩溃、数据损坏等严重后果。法律法规风险也不可忽视,数字经济的快速发展对法律法规提出了更高要求,但法律法规的滞后和不完善可能给数字经济带来合规风险。[1]

(二)对风险进行深入分析

对数字经济中的安全风险进行深入分析,不仅要理解风险的来源和影响,还要掌握风险的发展趋势和潜在后果。数据安全风险,源于数据泄露、非法访问和篡改等威胁,可能导致个人隐私泄露、企业机密丢失,甚至国家安全受损。网络安全风险则与网络攻击、病毒传播等密切相关,它们可能破坏数字经济的基础设施,影响关键信息系统的正常运行。技术漏洞风险则可能由于技术更新不及时、系统设计缺陷等原因产生,给黑客等不法分子提供可乘之机,造成系统瘫痪、数据损坏等严重后果。法律法规风险则源于法律法规的滞后和不完善,可能给数字经济带来合规风险,影响市场的公平竞争。

深入分析这些风险,发现它们往往具有复杂性、隐蔽性和连锁性等特点。例如,数据安全风险可能通过网络攻击等方式间接产生,技术漏洞风险也可能因为法律法规的不完善而加剧。此外,这些风险还可能相互交织、相互影响,形成复杂的风险网络。

三、构建安全风险防控机制框架

(一)制定安全风险防控策略

制定安全风险防控策略是构建数字经济安全风险防控机制框架的首要任务。这一策略的制定需要综合考虑数字经济的特点、发展趋势以及面临的主要安全风险。需要确立预防为主、综合治理的原则,通过加强安全防护、增强风险意识等方式,从源头上减少安全风险的发生。通过实施风险分级管理,针对不同等级的安全风险,制定相应的防控措施,确保资源的高效利用和风险的有效控制。同时,强化跨部门协同合作,

---

[1]陈琼.数字新经济 数字经济时代的机遇与挑战[M].北京:中国商业出版社,2022.

形成政府、企业、社会等多方参与的安全风险防控体系，实现信息共享、资源互补和协同应对。还要注重技术创新和研发，不断提升数字经济领域的安全防护能力，以应对日益复杂多变的安全威胁。

在制定安全风险防控策略时，还需要充分考虑数字经济的安全风险具有动态性和隐蔽性等特点。这意味着必须建立持续监测和评估机制，以便及时发现和应对新的安全风险。同时，通过加强国际合作，共同研究和应对全球范围内的数字经济安全风险，形成国际合力，共同维护数字经济的稳定和安全。

（二）确定防控机制的关键要素

构建数字经济安全风险防控机制框架的关键在于确定防控机制的关键要素。这些要素包括但不限于风险监测与预警、风险评估与应对、风险处置与恢复，以及信息共享与沟通。风险监测与预警机制能够及时发现和识别潜在的安全风险，为防控工作提供及时、准确的信息支持。风险评估与应对机制则是对识别出的安全风险进行深入分析，评估其可能造成的损失和影响，并制定相应的应对策略和措施。风险处置与恢复机制则是在安全风险发生后，迅速启动应急响应机制，有效控制和减轻风险带来的影响，并尽快恢复数字经济系统的正常运行。而信息共享与沟通机制则能够促进政府、企业、社会各方之间的信息流通和协作配合，形成合力共同应对安全风险挑战。

在确定防控机制的关键要素时，还需要注重机制的创新性和灵活性。随着数字经济的不断发展和安全风险的不断变化，防控机制也需要不断创新和完善，以适应新的形势和需求。同时，防控机制还需要具备足够的灵活性，能够根据不同的情况和需求进行快速调整和优化，确保防控工作的有效性和针对性。

四、技术防控手段的运用

（一）强化网络安全防护

强化网络安全防护是技术防控手段的核心，对于保障数字经济的稳定运行具有至关重要的意义。在数字经济时代，网络安全是保护数据安全、防止信息泄露和非法访问的第一道防线。为了实现这一目标，需要采取一系列的措施来强化网络安全防护。首先，加强网络安全技术研发和创新，不断提升网络系统的防御能力和抗攻击能力。其次，建立完善的网络安全管理制度和流程，明确网络安全责任，加强网络安全教育和培训，增强全体员工的网络安全意识和技能。同时，加强网络安全监测和预警，及时发现和应对网络攻击和威胁，确保网络系统的安全稳定运行。此外，还需要加强网络安全合作与信息共享，与其他企业和机构共同构建网络安全防护体系，形成合力共同应对网络安全挑战。

（二）数据安全保护策略

在数字经济中，数据已经成为一种新的生产要素和核心资产，因此数据安全保护策略显得尤为重要。为了确保数据的安全性和完整性，需要制定一系列全面而有效的数据安全保护策略。加强数据分类管理，明确数据的敏感级别和访问权限，实施细粒度的数据访问控制，防止未经授权的数据访问和泄露。强化数据加密和隐私保护技术，采用先进的加密算法和技术手段，确保数据在传输、存储和处理过程中的机密性和完整性。建立完善的数据备份和恢复机制，确保在数据遭受损失或破坏时能够及时恢复，降低数据丢失带来的风险。此外，加强数据安全教育和培训，增强全员的数据安全意识和技能，形成良好的数据安全文化。除了技术层面的保护，还需要从法律和政策层面加强数据安全保护。完善数据保护法律法规，明确数据所有权、使用权和流转规则，为数据的安全使用提供法律保障。同时，建立数据安全监管机制，加强对数据收集、存储、处理和使用等环节的监管，防止数据滥用和非法交易。

在实施数据安全保护策略时，还需要注重策略的持续性和适应性。随着技术的不断发展和数据应用场景的不断拓展，数据安全保护策略也需要不断更新和完善，以适应新的安全挑战和需求。同时，加强与国际社会的合作与交流，共同研究和应对全球范围内的数据安全风险，形成国际合力，共同维护数字经济的稳定和安全。

（三）技术创新与研发

技术创新与研发在数字经济安全风险防控机制中扮演着至关重要的

角色。随着数字技术的飞速发展，新型安全威胁和挑战不断涌现，传统的安全防护手段已难以应对。因此，必须加大技术创新与研发的力度，以应对数字经济安全风险的挑战。通过引入新的技术理念、研发高效的安全防护工具和系统，可以提升数字经济系统的整体安全性能，有效应对各类网络攻击和数据泄露风险。通过深入研究数字经济系统的运行机制和安全漏洞，可以及时发现并修复潜在的安全问题，提高系统的稳定性和可靠性。通过加强与其他领域和行业的合作与交流，可以共同研究和应对新型安全威胁，形成合力共同维护数字经济的稳定和安全。

五、法律法规与监管体系完善

（一）完善数字经济法律法规

完善数字经济法律法规是确保数字经济健康、稳定、可持续发展的重要保障。随着数字经济的快速发展，传统的法律法规体系已经难以适应新型经济形态的需求，因此迫切需要对其进行完善。完善数字经济法律法规能够明确数字经济中各方的权利和义务，规范市场行为，维护公平竞争的市场环境。通过制定相关法律法规，可以明确数据所有权、使用权、流转规则等核心问题，保护消费者和企业合法权益，促进数字经济的健康发展。在数字经济中，数据已经成为一种新的生产要素和核心资产，加强数据保护至关重要。通过制定数据保护法律法规，可以明确数据的收集、存储、处理和使用等环节的规范和标准，防止数据泄露和滥用，保障数据的安全性和完整性。通过建立健全的监管体系和风险防范机制，可以及时发现和应对数字经济中的安全风险和挑战，保障数字经济的稳定和安全。同时，要加强与国际社会的合作与交流，共同研究和应对全球范围内的数字经济法律风险，形成国际合力，为数字经济的健康发展提供坚实的法律保障。

在完善数字经济法律法规的过程中，还需要注重法律法规的时效性和适应性。随着数字技术的不断发展和新型经济形态的不断涌现，法律法规也需要不断更新和完善，以适应新的形势和需求。同时，要加强法律法规的宣传和普及，提高全社会的法律意识和法律素养，为数字经济的健康发展营造良好的法治环境。

(二) 加大执法力度和监管能力

加大执法力度和监管能力是确保数字经济法律法规有效实施、维护市场秩序和保障数字经济安全的关键环节。随着数字经济的迅速崛起，新型经济形态和商业模式层出不穷，这对执法和监管工作提出了新的挑战和要求。

加大对违法行为的查处力度，严厉打击数字经济中的不正当竞争、侵犯知识产权、数据泄露等违法行为，可以维护市场秩序、保护消费者权益和企业合法权益。同时，加大执法力度还能够提高违法成本，降低违法行为的发生率，形成对违法行为的有效震慑。

数据的流动和共享成为常态，这给监管工作带来了新的挑战。因此，需要加强监管技术的研发和应用，提高监管的智能化、精准化和高效化水平。通过建立健全的风险监测、预警和处置机制，及时发现和应对数字经济中的安全风险和挑战，保障数字经济的稳定和安全。

(三) 提升法律意识和法治水平

提升法律意识和法治水平是确保数字经济健康、稳定、可持续发展的重要基石。随着数字技术的飞速发展和广泛应用，数字经济已成为推动经济社会发展的新引擎。然而，数字经济的繁荣也伴随着一系列新型法律挑战和风险。因此，提升全社会的法律意识和法治水平，对于保障数字经济的安全、促进数字经济的健康发展具有重要意义。

提升法律意识有助于营造公平、透明、诚信的市场环境。在数字经济中，各方参与者需要明确自身的权利和义务，遵守市场规则，共同维护市场秩序。通过加强法律教育和宣传，提高全社会对数字经济法律法规的认知和理解，可以形成守法经营、诚信经营的良好氛围，为数字经济的健康发展提供坚实的法治基础。

法治是市场经济的基本要求和保障，也是数字经济治理的核心。通过完善数字经济法律法规、加大执法力度和监管能力、建立健全的数字经济纠纷解决机制等措施，可以形成科学、高效、公正的数字经济治理体系，为数字经济的健康发展提供有力的法治保障。

六、多元主体参与协同合作

（一）政府、企业、社会共同参与

在数字经济安全风险防控工作中，政府、企业和社会共同参与，形成合力，共同维护数字经济的稳定和安全。政府作为政策制定者和监管者，发挥引导和规范作用，制定完善的数字经济法律法规，加大执法力度和监管能力，为数字经济的安全发展提供坚实的法律保障。企业作为数字经济的主体，应当自觉遵守法律法规，加强技术创新与研发，提高产品和服务的安全性能，同时积极参与行业自律和协作，共同应对数字经济安全挑战。社会组织和公众也应积极参与数字经济安全风险的防控工作，提高全社会的法律意识和法治水平，形成全社会共同参与、共同维护数字经济安全的良好氛围。

通过政府、企业和社会共同参与和协同合作，更好地应对数字经济中的安全风险和挑战，保障数字经济的健康、稳定、可持续发展。这种多元主体参与的模式不仅有利于资源的整合和优势的互补，还能够促进各方之间的信息共享和沟通协作，提高数字经济安全风险防控的整体效能。同时，这种协同合作的模式也有助于推动数字经济领域的创新和发展，为数字经济的未来发展注入新的活力和动力。

（二）建立信息共享与沟通机制

在数字经济安全风险防控工作中，建立信息共享与沟通机制至关重要。随着数字技术的广泛应用和数字经济的快速发展，各类安全风险和挑战不断涌现，政府、企业和社会应紧密合作，共同应对。

政府可以及时了解企业的运营情况和安全风险，企业可以获得政府的政策支持和行业信息，社会组织和公众也可以参与到安全风险的防控工作中。通过信息共享，各方可以更好地了解彼此的需求和关切，形成合力共同应对数字经济安全风险。

通过定期召开会议、组织研讨会、开展合作项目等方式，各方可以充分交流意见、分享经验、解决问题。这种沟通机制有助于消除信息壁垒和沟通障碍，提高协同合作的效率和质量。

第六章　数字经济发展中数字版权管理的法律保障机制

第一节　数字版权管理的基本范畴

一、数字经济的崛起与数字版权的重要性

随着信息技术的飞速发展和互联网的普及，数字经济已逐渐成为全球经济增长的新引擎。数字经济以数据为核心，涵盖了云计算、大数据、人工智能、物联网等前沿技术，深刻改变了人们的生产生活方式。在这一背景下，数字版权作为保护创新成果、推动文化繁荣的重要法律工具，其重要性越发凸显。

数字版权不仅关乎创作者的智力劳动成果，更体现了创新精神和文化价值。在数字经济时代，数字作品如电子书、音乐、视频、软件等已成为人们日常生活的重要组成部分。这些作品的创造和传播，不仅丰富了人们的精神世界，也推动了产业的快速发展。然而，数字作品的易复制性和易传播性也给版权保护带来了前所未有的挑战。

因此，加强数字版权管理，完善数字版权法律保障机制，对于维护创作者权益、促进文化创新、推动数字经济发展具有重要意义。通过建立健全的数字版权管理制度，明确版权所有者的权利与义务，保护创作者的合法权益，同时促进数字内容的合法传播和使用，为数字经济的健康发展提供有力保障。

在这一章节中，将深入探讨数字版权管理的基本范畴，包括数字版权管理的定义、目标、任务以及面临的挑战等。通过梳理数字版权管理的核心要素和法律框架，旨在为数字经济发展中的数字版权管理提供清晰的理论基础和实践指导。同时，也将展望数字版权管理的未来发展趋势，以期为推动数字经济的持续健康发展贡献智慧和力量。

二、数字版权管理在数字经济发展中的作用

数字版权管理在数字经济发展中扮演着至关重要的角色，是确保数字经济持续健康增长的关键因素之一。随着数字化技术的深入应用，数字版权管理不仅有助于保护创作者的合法权益，还促进了数字内容的安全传播和合法使用，为数字经济的繁荣发展提供了有力支撑。

在数字经济中，数字作品的创作与传播速度极快，而数字版权管理通过明确创作者的权益，如复制权、发行权、信息网络传播权等，确保了创作者能够从中获得应有的回报。这不仅激发了创作者的创作热情，也促进了更多优质数字内容的产生。

如果缺乏有效数字版权管理，数字作品就容易被非法复制和传播，导致创作者和版权所有者的利益受损。而数字版权管理通过技术方法和法律方法，确保了数字内容在合法范围内传播和使用，为数字内容市场的健康发展提供了保障。

随着数字技术的不断进步，数字版权管理也在不断完善和创新。例如，通过引入区块链等先进技术，数字版权管理可以实现更加高效、透明的版权登记和追踪，为创作者和版权所有者提供更加便捷的服务。这种创新不仅提高了数字版权管理的效率，也为数字经济的创新发展注入了新的活力。[①]

三、数字版权管理概述

（一）数字版权管理的目标和任务

数字版权管理的核心目标和任务是在数字经济环境中确保创作者和版权所有者的权益得到充分保护，同时促进数字内容的安全、合法和有效传播。这一目标达成需要通过一系列综合性的策略、技术和法律方法来实现。数字版权管理旨在建立一个公平、健康、有序的数字内容市场环境，既能够激发创作者的创新活力，也能够满足广大消费者对于优质

---

① 胡江华. 数字经济：基于特色产业生态创新[M]. 北京：光明日报出版社，2021.

数字内容的需求。

（二）数字版权管理的重要性

数字版权管理在数字经济时代的重要性不容忽视。随着信息技术的迅猛发展和互联网的广泛应用，数字内容已成为人们日常生活的重要组成部分，而数字版权管理则是确保数字内容合法、有序流通的关键环节。它的重要性主要体现在以下几个方面。

在数字化时代，作品的复制和传播变得极为容易，如果没有有效的版权管理机制，创作者的智力劳动成果很容易被非法复制和传播，导致他们的权益受到侵害。数字版权管理通过明确创作者的权益和提供技术方法，确保创作者的作品得到合法保护，从而激发创作热情，推动文化创新。

数字经济是以数据为基础的经济形态，数字内容作为其核心要素之一，其合法、有序流通是数字经济发展的基础。数字版权管理通过规范数字内容的传播和使用，防止恶意侵权和盗版行为，维护市场秩序，为数字经济的健康发展提供有力保障。

在数字内容市场中，消费者购买和使用的数字产品应当是合法、正版的。数字版权管理通过打击盗版和非法分发行为，保障消费者在购买和使用数字产品时的权益，提高消费者的满意度和信任度。

四、数字版权管理的核心要素

（一）版权所有者的权利与义务

在数字版权管理中，版权所有者的权利与义务构成了其核心要素之一。作为数字作品的原始创造者和权益所有者，版权所有者享有对其作品的一系列专有权利，这些权利包括但不限于复制权、发行权、租赁权、展览权、表演权、放映权、广播权、信息网络传播权、摄制权、改编权、翻译权和汇编权等。这些权利确保了版权所有者能够对其作品进行合法控制和利用，并从中获取应有的经济回报。

同时，版权所有者也承担着相应的义务。他们必须遵守相关的法律法规，确保其作品在传播和使用过程中不侵犯他人的合法权益。此外，版权所有者还有责任积极推动其作品的合法传播和使用，为社会文化的繁荣和发展做出贡献。这包括通过合法渠道进行作品分发、提供合法授权许可、参与版权交易等方式，促进数字内容市场的健康有序发展。

在数字版权管理中，明确版权所有者的权利与义务至关重要。这不仅能够保护创作者的合法权益，激发创作热情，还能够促进数字内容市场的健康发展，维护市场秩序和消费者权益。因此，建立健全的数字版权管理制度，确保版权所有者的权利得到充分保护，同时也能引导其积极履行相应的义务，是数字版权管理的重要任务之一。

（二）使用者的权益与限制

在使用数字版权内容时，使用者的权益与限制同样构成数字版权管理的核心要素。作为数字内容的使用者，公众在享受数字产品和服务的同时，也享有一定的合法权益。这包括获取和使用合法数字内容、进行个人学习和研究、合理引用他人作品以及进行非商业性的分享和传播等。这些权益的保障，有助于促进知识的传播、文化的交流和社会的创新。然而，在使用数字版权内容时，使用者也受到一定的限制。使用者必须尊重版权所有者的权益，不得非法复制、分发或传播他人的数字作品。这要求使用者在使用数字内容时遵守相关的法律法规和版权协议，确保自己的行为合法合规。使用者在使用数字内容时应遵循合理使用的原则，不得侵犯版权所有者的合法权益。这包括不进行恶意侵权、不擅自改变作品的原意、不进行商业性利用等。

在数字版权管理中，平衡使用者的权益与限制至关重要。既要保障使用者合法获取和使用数字内容的权益，又要防止其侵犯版权所有者的合法权益。这需要建立健全的数字版权管理制度和技术方法，明确使用者的权益和限制，引导其合理使用数字内容，促进数字内容市场的健康发展。同时，加强版权教育和宣传，增强使用者的版权意识和尊重知识产权的自觉性，也是数字版权管理的重要任务之一。通过平衡使用者的权益与限制，数字版权管理能够为数字内容市场的繁荣和发展提供有力保障。

(三) 数字内容传播者的责任

在数字版权管理的体系中,数字内容传播者扮演着至关重要的角色,并承担着相应的责任。作为数字内容流通的关键环节,数字内容传播者不仅负责将作品从创作者传递给消费者,还必须在传播过程中确保版权的合法性和完整性。

在传播任何数字内容之前,传播者必须确认其来源合法,并且拥有合法的授权或许可,以确保不会侵犯版权所有者的权益。这意味着传播者需要建立有效的版权审查机制,对上传或分享的数字内容进行严格把关。

数字内容传播者应当采取必要的技术措施和管理方法,防止数字内容的非法复制和传播。这包括使用数字水印、加密技术、访问控制等手段来保护数字内容的安全,并设立专门的版权管理团队,对侵权行为进行监测和打击。

五、数字版权管理的法律框架

(一) 国际层面:WIPO、WTO等相关法律协议

在国际层面,数字版权管理主要依赖于一系列的法律协议和组织机构,其中最为核心的是世界知识产权组织(World Intellectual Property Organization,WIPO)和世界贸易组织(WTO)所制定的相关协议。WIPO作为联合国旗下的专门机构,致力于促进使用和保护人类的智力作品。其通过的《世界知识产权组织版权条约》(WIPO Copyright Treaty,WCT)和《世界知识产权组织表演和录音制品条约》(WIPO Performances and Phonograms Treaty,WPPT)为数字环境下的版权保护提供了国际法律标准,明确了数字作品的版权保护、技术措施的合法性和权利管理信息的保护等核心问题。WTO则通过《与贸易有关的知识产权协定》(Agreement on Trade-Related Aspects of Intellectual Property Rights,TRIPS协定)要求成员国提供充分的版权保护,包括数字环境下的版权作品的使用、分发和传播等。这些国际法律协议为全球范围内的数字版权管理提供了统一的法律基础,促进了各国在数字版

权保护方面的合作与协调，为数字经济的健康发展提供了坚实的法律保障。

同时，各国政府也在国内层面制定和完善了相应的法律法规，如美国的《数字千年版权法》（Digital Millennium Copyright Act，DMCA）、欧盟的《信息社会版权指令》（InfoSoc Directive）等，以确保数字版权在国内得到有效执行和保护。这些国内法律法规与国际法律协议相互补充，共同构成了数字版权管理的全球法律框架。

（二）国家层面：各国著作权法、网络法等相关法律

在国家层面，数字版权管理依赖于各国制定的著作权法、网络法等相关法律。这些法律在国内层面上为数字版权提供了具体的保护标准和执行措施。各国著作权法通常明确了数字作品的创作、传播、使用等方面的权益归属和保护措施，规定了版权所有者的权利范围和使用者的义务。例如，《中华人民共和国著作权法》规定了数字作品的复制权、发行权、信息网络传播权等，并明确了侵权行为的法律责任。同时，网络法等相关法律也针对数字网络环境的特点，对数字版权管理提出了要求。例如，《中华人民共和国网络安全法》要求建设、运营网络或者通过网络提供服务，应当依照法律、行政法规的规定和国家标准的强制性要求，采取技术措施和其他必要措施，保障网络安全、稳定运行，有效应对网络安全事件，防范网络违法犯罪活动，维护网络数据的完整性、保密性和可用性。这些法律要求网络运营者在提供数字内容服务时，必须遵守版权保护的规定，采取合理的版权管理措施，防止侵权行为的发生。

国家层面的法律框架为数字版权管理提供了明确的法律依据和执行标准，确保了数字版权在国内得到有效保护。同时，各国政府还通过制定和修订相关法律，不断适应数字技术的发展和数字内容市场的变化，以提供更加全面和有效的法律保障。这些努力为数字经济的健康发展和文化的繁荣传播奠定了坚实的基础。在国际层面，各国政府也通过双边或多边协议，加强在数字版权保护方面的合作与协调，共同应对跨国侵权行为，维护全球数字版权市场的良好秩序。

（三）行业层面：行业自律规范、标准与指南

行业层面在数字版权管理中同样扮演着重要的角色，主要通过行业自律规范、标准与指南来推动数字版权管理的实践和发展。行业自律规范是行业内各参与方共同遵循的行为准则，旨在规范市场行为，维护行业秩序。在数字版权领域，行业自律规范强调版权所有者的权益保护，要求行业内各企业尊重版权、合法使用数字内容，并采取必要的技术措施和管理手段来防止侵权行为。同时，为了推动数字版权管理的规范化、标准化，行业内还制定了一系列的标准与指南。这些标准与指南涵盖了数字版权管理的各个方面，如数字作品的格式规范、版权信息的标识和传递、版权管理系统的建设要求等。通过遵循这些标准与指南，企业可以更加有效地进行数字版权管理，提高管理效率，降低管理成本。

行业层面的自律规范、标准与指南不仅为数字版权管理提供了实践指导，还为政府制定和完善相关法律法规提供了重要参考。同时，行业组织和行业协会也通过定期发布行业报告、举办研讨会和培训活动等方式，加强行业内各方的沟通和交流，推动数字版权管理的不断创新和发展。通过这些行业层面的努力，数字版权管理得以在行业中得到更加广泛的应用和推广，为数字经济的健康发展和文化的繁荣传播提供了有力支持。

六、数字版权管理面临的挑战

（一）技术挑战

数字版权管理在技术层面面临着诸多挑战，其中加密技术、水印技术等的应用与限制尤为突出。随着数字技术的不断发展，加密技术作为保护数字内容的重要手段，需要不断更新和升级，以应对日益复杂的破解和攻击手段。然而，加密技术的过度使用也可能导致用户体验的下降，如何在保护版权和用户体验之间取得平衡成为一大挑战。此外，水印技术作为版权追溯和认证的关键工具，其应用也面临着技术上的限制。如何在保证水印不可见性的同时，确保其鲁棒性和抗篡改性，防止被恶意篡改或去除，是数字版权管理领域亟待解决的技术难题。这些技术挑

战要求数字版权管理系统应具备高度的灵活性和可扩展性，能够随着技术的不断进步而不断完善和优化，以更好地应对数字环境下的版权保护需求。

（二）法律挑战

数字版权管理在法律层面同样面临着一系列挑战。首先，随着数字技术的飞速发展，现有的法律框架往往存在空白和滞后，无法完全适应新兴的数字版权问题。这导致了一些新型侵权行为在法律上缺乏明确的定义和制裁措施，为版权保护带来了困难。其次，不同国家和地区的法律规定存在差异，甚至存在冲突，这给跨国数字版权管理带来了复杂性。例如，一些国家可能允许对数字作品进行某种程度的合理使用，而另一些国家则可能禁止这种行为。这种法律冲突使得版权所有者在全球范围内维护其权益变得更具挑战性。此外，法律执行力问题也是数字版权管理面临的一大难题。尽管一些国家制定了较为完善的版权法律，但在实际操作中，由于种种原因，这些法律往往难以得到有效执行，导致侵权行为得不到应有的制裁。

（三）市场挑战

数字版权管理在市场层面同样面临着一系列挑战。随着数字内容市场的不断扩大，版权侵权和非法传播的问题越发严重，这不仅损害了版权所有者的经济利益，也扰乱了市场秩序，对数字内容产业的健康发展构成威胁。市场挑战主要体现在以下几个方面。

盗版和非法分发是数字版权管理面临的最大市场挑战之一，数字内容具有易复制和易传播的特点，盗版和非法分发行为往往难以追溯和打击，给版权所有者带来了巨大的经济损失。

由于市场竞争激烈，一些不法商家和个人可能采取非法手段获取版权内容，以低价或免费的方式在市场上进行竞争，破坏了市场的公平竞争环境。

随着数字技术的不断发展，新型商业模式和传播方式不断涌现，这也给数字版权管理带来了新的挑战。例如，社交媒体、短视频等平台的兴起，使得用户生成内容的版权保护变得更加复杂和困难。

七、数字版权管理的法律保障机制构建

(一) 完善法律法规：明确权利与义务，强化执法力度

构建数字版权管理的法律保障机制，首要任务是完善相关法律法规，确保法律条款能够明确界定数字版权管理中的权利与义务，并为执法提供坚实依据。在立法层面，需要关注数字技术的特殊性，对传统版权法进行必要修订，使之适应数字环境下版权保护的新需求。这包括明确数字作品的创作、传播、使用等环节的版权归属，规定版权所有者的专有权利，如复制权、发行权、信息网络传播权等，并明确使用者的合法使用范围和禁止行为。同时，法律还应强化执法力度，对侵权行为规定严厉的法律责任，包括民事赔偿、行政处罚甚至刑事处罚，以提高侵权成本，降低侵权收益。此外，应建立高效的执法机制，加强版权执法队伍建设，提高执法水平和效率，确保法律能够得到有效执行。通过这些法律措施，可以形成对数字版权的有力保护，为数字内容产业的健康发展提供坚实的法律保障。

在完善法律法规的同时，还需要加强法律宣传和教育，提升公众对数字版权保护的认识和意识。通过广泛宣传版权法律知识和典型案例，引导公众自觉遵守版权法律法规，尊重他人的智力劳动成果，形成良好的版权保护氛围。同时，应建立健全的版权纠纷解决机制，包括调解、仲裁、诉讼等渠道，为版权所有者提供多样化的维权途径，确保他们能够及时、有效地维护自己的合法权益。

(二) 促进国际合作：共同应对跨国盗版与侵权行为

在数字版权管理的法律保障机制构建中，促进国际合作显得尤为关键。随着数字技术的普及和全球网络的互联，跨国盗版与侵权行为越发严重，这不仅损害了版权所有者的利益，也破坏了国际市场的公平竞争秩序。因此，各国需要加强沟通与协作，共同应对这一挑战。通过签订双边或多边协议，建立国际版权保护合作机制，可以形成合力，共同打击跨国盗版与侵权行为。同时，加强国际的信息共享和技术支持，提高跨国执法合作的效率和准确性，有助于更好地维护版权所有者的权益。

此外，推动国际组织和机构在数字版权保护方面发挥更大作用，如加强世界知识产权组织（WIPO）和世界贸易组织（WTO）等国际组织在数字版权领域的规则制定和协调功能，可以为全球数字版权保护提供更有力的支持。通过促进国际合作，可以构建一个更加完善、有效的数字版权管理法律保障机制，为数字内容产业的全球发展创造更加良好的法治环境。这不仅有助于保护创作者的权益，激发创新活力，也有助于促进数字经济的繁荣和文化的交流传播。

（三）加强行业自律：推动行业标准化与规范化

在数字版权管理的法律保障机制构建中，加强行业自律是推动行业标准化与规范化的重要途径。行业自律不仅能够有效补充法律规制的不足，还能在行业内形成自我约束和自我管理的机制，提升整个行业的形象和信誉。通过制定行业标准和规范，可以明确数字版权管理的基本要求和操作准则，为企业提供明确的指导和参考。此外，加强行业自律还需要促进行业内的交流与合作，分享成功的经验和做法，共同应对挑战和问题。通过加强行业自律，可以推动数字版权管理行业的标准化与规范化，提高整个行业的管理水平和效率，为数字版权保护提供更加坚实的保障。同时，加强行业自律也有助于提升企业和个人的版权保护意识，形成尊重版权、保护创新的良好氛围，为数字内容产业的可持续发展注入新的活力。

第二节 数字版权管理法律保障机制的理论分析

一、数字版权管理的重要性

数字版权管理作为保障数字内容创作者权益、促进数字内容产业健康发展的重要手段，重要性日益凸显。在数字化时代，作品的创作、传播和消费方式发生了深刻变革，数字版权管理不仅关系到创作者的切身利益，也直接影响数字内容产业的可持续发展。

数字版权管理有助于保护创作者的智力劳动成果，激发创作热情和创新精神。在缺乏有效版权保护的情况下，创作者的作品容易被非法复制、传播和滥用，导致创作者的权益受损，进而打击其创作积极性。通过数字版权管理，可以明确作品的权属关系，为创作者提供法律保障，确保其智力劳动成果得到合理回报。

数字内容产业作为新兴产业，具有高度的创新性、关联性和带动性，对于推动经济增长、提升国家竞争力具有重要作用。然而，如果缺乏有效的版权保护机制，数字内容产业将面临严重的侵权盗版问题，导致市场秩序混乱、产业发展受阻。通过数字版权管理，可以规范市场行为，保护合法经营者的权益，为数字内容产业的健康发展创造良好环境。

网络空间作为新兴的公共领域，具有高度的开放性和匿名性，但同时也面临着严重的侵权盗版等法律问题。通过数字版权管理，可以加强网络空间的法治建设，维护网络空间的秩序和稳定，为社会的和谐发展提供有力保障。

二、法律保障机制在数字版权管理中的作用

法律保障机制在数字版权管理中扮演着至关重要的角色。在数字化时代，作品的传播渠道更加广泛，侵权手段也更加隐蔽和复杂，因此，仅仅依靠技术手段已经难以全面保护创作者的权益。法律保障机制通过制定和实施一系列法律法规，为数字版权管理提供了有力的法律支撑和保障。

法律保障机制通过明确数字版权的归属、行使和保护方式，为创作者和合法使用者提供了明确的法律指引。这有助于减少版权纠纷的发生，降低创作和使用的法律风险。

法律保障机制通过加大对侵权行为的打击力度，维护了数字版权市场的公平竞争秩序。通过制定严格的法律条款和加大执法力度，可以有效遏制侵权盗版行为的发生，保护创作者和合法经营者的权益。

法律保障机制还通过促进国际合作与交流，推动了全球数字版权管理水平的提升。在全球化背景下，数字版权的保护已经超越了单一国家的范畴，需要各国共同努力、共同应对。通过加强国际合作与交流，可

以共同打击跨国侵权行为，推动全球数字版权管理水平的整体提升。

三、数字版权管理法律保障机制的内涵

（一）数字版权管理法律保障机制的定义

数字版权管理法律保障机制，简而言之，是指通过制定、实施和完善一系列法律法规，为数字内容的创作、传播和使用提供明确的法律规范，旨在保护创作者的合法权益，促进数字内容产业的健康发展，以及维护网络空间的法治秩序。这一机制涵盖了版权登记、权属确认、侵权行为认定、法律责任追究等多个方面，形成了一个完整的法律框架。在这个框架内，创作者可以依法享有其作品的各项权益，如复制权、发行权、信息网络传播权等；合法使用者可以在遵守法律规定的前提下，合理利用数字内容；而侵权者则会受到法律的制裁和惩罚。数字版权管理法律保障机制的建立，为数字内容产业的可持续发展提供了坚实的法律保障，也为创作者和合法使用者提供了明确的行为准则。①

（二）数字版权管理法律保障机制的核心要素

数字版权管理法律保障机制的核心要素主要包括明确的法律原则、完善的法律法规体系、有效的执法手段和司法保障，以及公众对数字版权的认知与尊重。法律原则是数字版权管理法律保障机制的灵魂，它指导着整个法律体系的构建和运作，确保版权保护与社会公众利益之间的平衡。完善的法律法规体系是保障数字版权的基础，它包括版权法、信息网络传播法等相关法律法规，为数字版权的保护提供全面的法律支撑。有效的执法手段和司法保障是数字版权管理法律保障机制的重要组成部分，通过加大执法力度、提高司法效率，确保数字版权侵权行为得到及时有效的打击和制裁。公众对数字版权的认知与尊重也是数字版权管理法律保障机制不可或缺的一环，它要求社会各界共同营造尊重版权、保护创新的良好氛围。

---

① 颜阳，王斌，邹均，等. 区块链+赋能数字经济[M]. 北京：机械工业出版社，2018.

四、数字版权管理法律保障机制的必要性

(一) 保护创作者权益

保护创作者权益是数字版权管理法律保障机制的首要任务。在数字化时代，创作者面临着前所未有的挑战，其作品容易被非法复制、传播和滥用。这不仅侵犯了创作者的智力劳动成果，更挫伤了他们的创作热情和创新精神。因此，建立数字版权管理法律保障机制显得尤为重要。通过明确数字版权的法律地位和保护措施，该机制能够为创作者提供有力的法律武器，确保他们的作品得到合法使用和保护。这不仅能够激发创作者的创作激情，推动更多优秀作品的诞生，还能够维护创作市场的公平竞争，为整个数字内容产业的可持续发展奠定基础。同时，保护创作者权益也是维护社会公平正义的必然要求，它有助于构建尊重知识、尊重创新的良好社会氛围，推动整个社会文化的繁荣和发展。

(二) 促进数字内容产业的健康发展

数字内容产业作为新兴产业，具有巨大的发展潜力和市场前景。然而，数字内容产业的健康发展离不开良好的法律环境。数字版权管理法律保障机制的建立，为数字内容产业提供了坚实的法律支撑和保障，有效规范了市场秩序，保护了创作者和合法经营者的权益。这有助于激发市场活力，吸引更多资本和人才投入数字内容产业，推动产业创新和升级。同时，数字版权管理法律保障机制还能够促进数字内容产业的国际化发展，加强国际合作与交流，推动全球数字内容市场的繁荣和发展。因此，数字版权管理法律保障机制是促进数字内容产业健康发展的重要保障和推动力。

(三) 维护网络空间的法治秩序

随着互联网的普及和深入发展，网络空间已经成为人们获取信息、交流思想、进行商业活动的重要场所。然而，由于网络空间的匿名性、开放性和跨地域性等特点，也使其成为侵权盗版等违法行为滋生的温床。这些违法行为不仅侵犯了创作者的合法权益，也扰乱了网络空间的秩序，对社会的稳定和谐构成了潜在威胁。因此，维护网络空间的法治秩

序显得尤为重要。数字版权管理法律保障机制通过制定和实施相关法律法规，明确了网络空间中的行为规范和法律责任，为打击网络空间的侵权盗版等违法行为提供了法律依据。同时，法律保障机制还能够加强对网络平台的监管，要求平台承担起版权保护的责任，从源头上减少侵权行为的发生。通过维护网络空间的法治秩序，数字版权管理法律保障机制为构建一个健康、有序、繁荣的网络空间环境提供了有力保障，也为社会的和谐稳定做出了积极贡献。

五、数字版权管理法律保障机制的理论基础

（一）知识产权法理论

知识产权法理论是数字版权管理法律保障机制的重要理论基础之一。知识产权法作为一种专门保护智力创造成果的法律制度，旨在激励创新、推动知识传播和文艺的繁荣进步。在数字版权管理的语境下，知识产权法理论为数字作品的创作、传播和使用提供了明确的法律规范和保护机制。根据知识产权法，数字作品被视为创作者智力劳动的成果，享有专有权利，包括复制权、发行权、信息网络传播权等。这些权利的保护不仅有助于激发创作者的创作热情，促进数字内容产业的创新和发展，还能够维护市场公平竞争，防止他人非法利用创作者的智力劳动成果牟利。

（二）信息网络传播权理论

信息网络传播权理论是数字版权管理法律保障机制在应对数字化时代挑战时不可或缺的理论基础。随着互联网的普及和数字化技术的发展，信息网络传播成为作品传播的主要方式之一，也带来了版权保护的新问题。信息网络传播权理论主要关注如何在网络环境中合理界定和保护作品的传播权益。它强调在保护创作者权益的同时，也要考虑公众获取和利用信息的需求，以实现创作者、传播者和公众之间的利益平衡。信息网络传播权理论的核心在于明确作品在网络空间中的传播范围和方式，界定信息网络传播权的权能内容，以及确立相应的侵权认定和法律责任。它要求法律保障机制能够适应网络环境的特殊性，有效打击网络

侵权行为，维护创作者和合法使用者的权益。

（三）法律与科技结合的理论

法律与科技结合的理论是数字版权管理法律保障机制中极为关键的一环，尤其是在面对日新月异的科技发展和不断变化的版权挑战时。这一理论主张法律规则与科技创新应相互协调、相互促进，以确保法律制度的适应性和前瞻性。在数字版权管理的背景下，法律与科技结合的理论意味着法律规则不仅要回应现有的科技挑战，如网络传播、数字复制等，还需要预见未来科技发展趋势，并提前作出相应的法律安排。

这一理论的核心在于认识到技术的发展对法律规则的影响，以及法律规则对技术创新的引导作用。一方面，随着数字化、网络化、智能化等技术的发展，传统版权法面临着适用难题和解释挑战。因此，法律与科技结合的理论要求法律制定者和实施者应具备科技素养，能够理解和应对技术变革对版权保护的影响，及时调整和完善法律规则；另一方面，法律规则对技术创新也具有引导和规范作用。合理的法律规则可以激发技术创新的活力，推动技术进步，而过于严苛或滞后的法律规则可能抑制技术创新的发展。

在数字版权管理法律保障机制中，法律与科技结合的理论具有重要意义。它要求在制定和实施数字版权管理法律规则时，既要充分考虑技术发展的现状，也要预见未来技术的发展趋势，确保法律规则既能够适应当前的技术环境，也能够应对未来的技术挑战。同时，它还要求在推动技术创新的同时，注重保护创作者的权益和维护市场公平竞争秩序，实现技术创新与版权保护的协调发展。因此，未来数字版权管理法律保障机制的建设和完善，需要深入研究和应用法律与科技结合的理论，推动法律与科技在数字版权管理领域的深度融合与发展。

六、数字版权管理法律保障机制的构建原则

（一）平衡创作者与使用者权益

在构建数字版权管理法律保障机制时，平衡创作者与使用者权益是一项至关重要的原则。这一原则要求在制定和实施法律规则时，既要充

分保护创作者的智力劳动成果和合法权益，激发创作热情和创新精神，促进优秀作品的不断涌现，又要充分考虑使用者的合理需求和利益，保障他们能够在遵守法律规定的前提下，自由获取、利用和传播数字内容，促进知识的传播和文化的交流。

平衡创作者与使用者权益的原则体现了法律公正和利益平衡的要求。在数字化时代，创作者和使用者之间的关系变得更加复杂和微妙。创作者希望通过保护自己的版权获得应有的回报和尊重，而使用者则希望在获取和使用数字内容时能够享受更多的自由和便利。

（二）适应数字技术发展趋势

在构建数字版权管理法律保障机制时，适应数字技术发展趋势是一项至关重要的原则。随着数字技术的快速发展和不断创新，数字版权管理面临着前所未有的挑战和机遇。因此，法律保障机制必须紧跟数字技术的步伐，及时适应和回应技术变革对版权保护的影响，确保法律制度的适应性和前瞻性。

适应数字技术发展趋势的原则要求在制定和实施法律规则时，要充分考虑数字技术的特点和规律，尊重技术创新的成果，为技术进步提供足够的法律空间和支持；深入研究数字技术的发展趋势和应用场景，了解其对版权保护带来的新挑战和新需求。比如，随着人工智能、区块链等技术的快速发展，版权保护的方法也在不断创新和变革。因此，法律保障机制需要及时适应这些新技术的发展，制定相应的法律规则和标准，确保版权保护的有效性和可持续性。

加强国际合作与交流，共同应对数字技术带来的全球性挑战。数字技术的发展和应用已经超越了国界和地域的限制，成为全球性的挑战和问题。因此，各国需要加强合作与交流，共同研究和应对数字技术带来的版权保护问题，推动全球数字版权管理法律保障机制的建立和完善。

（三）确保法律的可行性和有效性

在构建数字版权管理法律保障机制时，确保法律的可行性和有效性是至关重要的原则。法律的可行性指的是法律规则能够在实际操作中得到执行和应用，而有效性则是指法律规则能够达到预期的法律效果，以实现版权保护的目标。为确保法律的可行性和有效性，需要从多个方面入手。

法律规则必须明确、具体，具有可操作性，在制定数字版权管理法律规则时，需要避免使用模糊、笼统的措辞，应该明确界定各方的权利和义务，规定具体的行为标准和法律后果。这样，执法机关和司法机构在执行和解释法律时就能够有明确的依据，减少法律适用上的歧义和不确定性。

数字版权管理法律保障机制不是孤立的，必须与其他相关的法律制度和政策相互衔接、相互支撑。例如，需要确保数字版权管理法律规则与知识产权法、信息技术法、网络安全法等相关法律制度和政策相互协调，形成一个完整、统一的法律体系。

数字版权管理法律保障机制的构建需要投入大量的人力、物力和财力，在制定和实施法律规则时，要充分考虑实际情况和资源条件，确保法律规则能够得到有效的执行和应用。例如，可以建立专门的执法机构和司法机构，加强对数字版权侵权行为的打击力度。同时，还可以通过政策引导、资金支持等方式，鼓励和支持企业、社会组织和个人参与到数字版权管理法律保障机制的构建和实施中来。

第三节 数字版权管理法律保障机制的国际实践

一、数字版权管理法律保障机制在全球范围内的重要性

随着数字技术的飞速发展和广泛应用，数字内容产业已成为全球经济增长的重要引擎。然而，数字技术的普及也带来了版权保护的巨大挑战。数字版权管理法律保障机制在全球范围内的重要性越发凸显。这一机制不仅关乎创作者的权益保护，更关系到数字内容产业的健康发展，以及文化创新和知识传播的持续动力。

数字版权管理法律保障机制的重要性在于其能够为创作者提供一个

公平、有序的创作环境，激发创作热情和创新精神。同时，它也能够为数字内容产业的发展提供稳定的法律基础，保障数字内容的合法流通和使用。此外，数字版权管理法律保障机制还能够促进全球范围内的知识产权交流与合作，推动数字内容产业的国际化发展。在全球经济一体化和文化交流日益频繁的今天，构建和完善数字版权管理法律保障机制对于维护创作者权益、促进产业发展、推动文化交流具有重要意义。

二、国际合作在应对数字版权挑战中的作用与意义

随着数字技术的全球化和网络化，数字版权保护不再是一个国家内部的问题，而是需要各国共同努力、携手应对的全球性问题。国际合作能够汇聚全球的智慧和资源，共同研究和制定适应数字技术发展趋势的版权保护规则和标准，为数字版权管理提供更为全面和有效的法律保障。通过国际合作，各国可以相互借鉴和学习先进的版权管理经验和技术方法，提升数字版权保护的能力和水平。同时，国际合作还能够加强跨国执法和司法合作，共同打击数字版权侵权行为，维护创作者和消费者的合法权益。在全球经济一体化和文化交流日益频繁的背景下，国际合作更有助于促进数字内容产业的健康发展，推动文化创新和知识传播的跨国界流动。因此，加强国际合作，共同构建数字版权管理法律保障机制，对于应对数字版权挑战、维护创作者权益、促进产业发展、推动文化交流具有深远的意义。

三、国际组织与数字版权管理法律保障机制

（一）世界知识产权组织（WIPO）的角色与贡献

世界知识产权组织（WIPO）在数字版权管理法律保障机制中扮演着举足轻重的角色。作为全球知识产权事务的权威机构，WIPO致力于推动数字版权法律标准的制定和完善，为全球数字内容产业的健康发展提供了坚实的法律基础。WIPO通过制定《世界知识产权组织版权条约》（WCT）和《世界知识产权组织表演和录音制品条约》（WPPT）等重要国际条约，明确了数字环境下版权保护的基本原则和最低标准，为各国数字版权立法提供了重要参考。

（二）其他国际组织在数字版权管理法律保障机制中的角色

除了世界知识产权组织（WIPO）外，其他国际组织也在数字版权管理法律保障机制中扮演着重要角色。例如，联合国教科文组织（United Nations Educational, Scientific and Cultural Organization, UNESCO）通过倡导文化多样性和促进知识产权的保护与传播，为数字版权管理提供了文化视角和国际合作平台。联合国教科文组织通过发布相关公约和宣言，推动各国政府和社会各界关注数字版权问题，促进数字技术的可持续利用和文化的创新发展。

此外，区域经济一体化组织如欧盟（European Union, EU）也通过制定统一的版权指令和政策，推动成员国在数字版权管理法律保障机制上的协调与合作。欧盟的《信息社会版权指令》（InfoSoc Directive）为成员国提供了数字版权保护的最低标准，促进了欧盟内部数字内容市场的繁荣和公平竞争。[1]

同时，国际电信联盟（International Telecommunication Union, ITU）和互联网治理组织，如国际互联网名称与数字地址分配机构（The Internet Corporation for Assigned Names and Numbers, ICANN）等，也在数字版权管理法律保障机制中发挥着重要作用。它们通过制定互联网技术和治理标准，为数字版权的保护提供了技术支撑和监管机制，促进了数字版权管理的有效实施。

这些国际组织通过制定标准、提供平台、促进合作等方式，共同构成了数字版权管理法律保障机制的重要组成部分。它们的角色不仅在于推动数字版权法律的制定和实施，更在于促进全球范围内的知识产权保护和文化交流，为数字内容产业的健康发展提供坚实的国际支撑。

四、数字版权管理技术措施与国际法律保障

（一）数字版权管理技术措施的定义与分类

数字版权管理技术措施，指的是通过技术手段对数字内容进行保护，防止未经授权的复制、分发、篡改或利用，从而确保版权作品的合

---

[1] 闫德利. 数字经济：开启数字化转型之路[M]. 北京：中国发展出版社，2019.

法使用和传播。这些措施可以分为两大类：访问控制技术和权利管理技术。访问控制技术主要控制对数字内容的访问，如加密和数字签名，确保只有经过授权的用户才能访问。而权利管理技术则更侧重于对数字内容使用的管理，如使用权限控制、追踪和审计，保证用户只能按照版权所有者的授权进行使用。这些技术措施为数字版权提供了强有力的保护，使得版权作品在数字时代能够得到更加安全和有效利用。

（二）国际法律对数字版权管理技术措施的规定与限制

在国际法律层面，对数字版权管理技术措施的规定与限制主要体现在一系列的国际条约和公约中。例如，《世界知识产权组织版权条约》（WCT）和《世界知识产权组织表演和录音制品条约》（WPPT）明确规定了数字版权管理技术措施的合法性，并要求各成员国提供法律保护。这些条约要求各国确保技术措施的有效性，防止未经授权的规避行为，从而确保版权作品的合法流通和使用。然而，这些国际条约也对数字版权管理技术措施的使用施加了一定的限制。它们强调，技术措施的应用不能不合理地损害公众获取和利用信息的自由权利。这意味着，虽然技术措施可以帮助保护版权，但它们不应成为阻碍知识传播和科技创新的障碍。此外，一些国际条约还规定了技术措施的透明性和互操作性原则。透明性要求技术措施的实施应当被用户所知悉，以便用户能够做出合理的选择。互操作性则要求不同技术措施之间应能够相互兼容，以便用户能够在不同的平台和设备上访问和利用数字内容。

（三）数字版权管理技术措施在实际应用中的挑战与前景

数字版权管理技术措施在实际应用中面临着诸多挑战。随着技术的迅速发展，破解和规避技术措施的方法层出不穷，使得版权保护变得更加困难。同时，不同技术措施的兼容性和互操作性也成为一大难题，限制了数字内容的流通和利用。随着技术的不断进步和创新，未来的数字版权管理将更加高效和智能化，能够更好地应对各种侵权行为。国际社会和各国政府也在不断加强合作，完善数字版权管理法律保障机制，为数字版权管理技术措施的应用提供更有力的支持。在此背景下，我们有理由相信，数字版权管理技术措施将在未来发挥更加重要的作用，为数字内容产业的健康发展提供坚实保障。

五、数字版权管理法律保障机制面临的挑战与前景

(一) 数字技术的快速发展对法律保障机制的挑战

随着数字技术的飞速发展，尤其是人工智能、区块链、云计算等前沿技术的不断涌现，数字版权管理法律保障机制正面临着前所未有的挑战。数字技术的快速迭代和变革，使得传统的版权法律框架和规则难以适应新的版权保护需求。人工智能生成的作品的版权归属问题、区块链技术在版权登记和追踪中的应用、云计算环境下的版权侵权责任认定等，都给法律保障机制带来了新的难题。数字技术的跨国性和即时性也给传统的版权法律体系带来了挑战。在数字化时代，版权作品可以轻易地被复制、传播和修改，侵权行为往往难以追踪和定位。同时，跨国数字版权纠纷的增多也使得传统的地域性版权保护机制面临考验。

(二) 国际合作中的法律冲突与协调问题

在数字版权管理法律保障机制的国际合作中，法律冲突与协调问题成为一大挑战。由于在法律传统、文化背景、经济发展水平等方面存在差异，各国在数字版权保护方面存在不同的法律标准和实践做法。这种法律多样性在跨国数字版权纠纷中往往引发冲突，增加了解决问题的复杂性和难度。为了应对这一挑战，国际合作尤为重要。各国需要加强沟通和交流，增进相互理解和信任，共同推动数字版权保护标准的统一和协调。这包括在国际组织中加强协商和谈判，制定更具普适性的国际条约和公约；同时，也需要建立有效的跨国执法合作机制，共同打击跨国数字版权侵权行为。此外，各国还可以通过技术合作和标准制定等方式，推动数字版权管理技术措施的互操作性和兼容性，降低跨国数字版权纠纷的发生概率。这不仅有助于提高数字版权保护的整体效果，也有助于促进数字内容产业的全球化和健康发展。

(三) 数字版权管理法律保障机制的发展趋势与未来展望

随着数字技术的快速迭代，版权法律需要不断适应新情况、新问题，这就要求法律保障机制具备足够的适应性和灵活性，能够及时应对新的挑战和需求。

数字技术的跨国性使得跨国数字版权纠纷日益增多，加强国际合作、构建统一的国际法律标准成为必然趋势。此外，数字版权管理技术措施将不断完善和创新。

随着技术的不断进步，数字版权管理技术措施将更加智能化、高效化，能够更好地保护版权、打击侵权行为。同时，随着人工智能、区块链等前沿技术的应用，数字版权管理技术措施也将迎来新的发展机遇。

展望未来，数字版权管理法律保障机制将在保护版权、促进技术创新和产业发展方面发挥更加重要的作用。随着数字技术的不断发展和创新，数字版权管理法律保障机制将面临更多的机遇和挑战。但只要我们坚持创新、加强合作、完善法律，就一定能够构建一个更加公平、有效、灵活的数字版权管理法律保障机制，为数字内容产业的健康发展提供坚实保障。同时，这也将促进全球知识产权保护体系的完善和发展，为推动全球创新和经济繁荣做出重要贡献。在这个过程中，我们还需要关注数字技术与社会、文化、经济等多领域的深度融合，探索数字版权管理法律保障机制在推动社会进步、促进文化多样性、保障公共利益等方面的积极作用，为构建人类命运共同体贡献智慧和力量。

第四节　数字版权管理法律保障机制的完善建议

随着互联网技术的飞速发展，数字作品的创作、传播和使用方式发生了深刻变革，数字版权管理的重要性日益凸显。然而，当前数字版权管理存在诸多问题，如侵权行为频发、盗版现象严重、版权保护意识薄弱等。这些问题不仅损害了版权人的合法权益，也制约了数字产业的健康发展。因此，完善数字版权管理的法律保障机制尤为迫切。

一、法律保障机制在数字版权管理中的重要性

数字时代下的版权问题，相较于传统版权，更加复杂多变，侵权行

为的手段也更加隐蔽和难以追踪。因此，健全的法律保障机制能够为版权人提供明确的权益保护，确保他们的创作成果得到应有的尊重和回报。

法律保障机制能够明确数字版权的权属和边界，为创作者和版权人提供清晰的权益指引。在数字作品的创作、传播和使用过程中，法律可以为各方参与者设定明确的权利和义务，减少版权纠纷的发生。

法律保障机制通过制裁侵权行为，维护了市场秩序和公平竞争。在数字版权受到侵害时，法律可以为版权人提供有效的救济途径，打击盗版和侵权行为，保护创作者的积极性和创造性，促进数字产业的健康发展。

在数字时代，跨界合作和信息共享对于打击侵权行为、提高版权保护效率具有重要意义。通过法律规范，可以促进政府部门、企业、社会组织等多方之间的合作与交流，形成合力，共同维护数字版权的市场秩序。

二、数字版权管理法律保障机制的现存问题

（一）法律法规不够完善

当前，数字版权管理的法律保障机制存在诸多不够完善之处，其中最为突出的问题是法律法规的不够完善。尽管一系列与数字版权相关的法律法规已经出台，但这些法律法规在应对日新月异的数字技术和复杂的版权问题时，显得捉襟见肘。一方面，现有的法律法规对于数字版权的界定和保护范围尚不够明确，导致在实际操作中存在一定的模糊性和歧义性，难以有效保护版权人的合法权益；另一方面，对于侵权行为的法律制裁措施不够有力，无法对侵权者形成足够的威慑、进行有效的惩罚，使得侵权行为屡禁不止。此外，现有的法律法规在应对跨界版权问题时也存在明显的不足。随着数字技术的不断发展，数字作品的跨国传播已经成为常态，而各国之间的法律法规差异较大，导致跨界版权问题层出不穷。然而，现有的法律法规在跨界版权保护方面的规定尚不够完善，缺乏统一的标准和协作机制，使得跨界版权问题的解决变得异常复杂和困难。

（二）执法力度不够强劲

数字版权保护作出了明确规定，但在实际执行过程中却往往遭遇种种困难，导致执法效果大打折扣。

一方面，执法部门在数字版权保护方面的技术装备和技术方法，难以应对复杂多变的数字版权侵权行为。随着数字技术的飞速发展，侵权手段日益隐蔽和智能化，而执法部门的技术装备和技术方法跟不上这一变化，导致取证难、查处难等问题频发。

另一方面，执法部门在数字版权执法过程中往往面临跨部门协调、地域管辖等难题。数字版权侵权行为往往涉及多个领域和地区，需要不同部门之间密切协作，但由于信息共享不畅等原因，导致执法行动难以形成合力，无法对侵权行为进行有效打击。

此外，部分执法部门在数字版权保护方面存在重视程度不足，投入的人力、物力、财力有限，导致执法力度不够，难以形成对侵权行为的强大威慑力。

（三）跨界合作与信息共享不够到位

在数字版权管理的法律保障机制中，跨界合作与信息共享不够到位是一个不容忽视的问题。随着数字化时代的到来，数字作品的创作、传播和使用已经超越了传统的地域和领域界限，呈现出跨界融合的趋势。然而，在实际的数字版权管理工作中，跨界合作与信息共享却往往受到各种因素的制约和限制。

一方面，政府部门、企业、社会组织等各方在数字版权管理方面的合作不够紧密，缺乏有效的沟通机制和协作平台。政府部门在数字版权管理中扮演着重要角色，但缺乏与其他利益相关方的有效沟通和协作，导致政策制定和执行过程中存在诸多障碍。同时，企业和社会组织在数字版权保护方面的作用也未得到充分发挥，缺乏与政府部门的协同合作，使得跨界版权问题的解决变得异常复杂和困难。①

另一方面，数字版权管理中的信息共享机制也存在明显不足。在数字时代，信息的快速流动和共享对于打击侵权行为、提高版权保护效率

---

① 袁国宝. 新基建 数字经济重构经济增长新格局[M]. 北京：中国经济出版社，2020.

具有重要意义。然而，目前数字版权管理领域的信息共享平台建设尚不完善，政府部门、企业、社会组织等各方之间的信息流通不畅，导致版权保护工作缺乏针对性和实效性。

（四）版权人权益保护不够有效

在数字版权管理的法律保障机制中，版权人权益保护不够有效是一个核心问题。尽管法律框架旨在保护创作者的权益，但在实际操作中，版权人的权益往往未能得到充分有效的保障。

版权登记程序复杂烦琐，很多创作者在创作初期并不了解或不愿意进行版权登记，导致在发生版权纠纷时难以提供有效的权属证明。这不仅增加了版权人维护自身权益的难度，也削弱了法律对版权人的保护力度。

在侵权行为发生时，版权人往往面临取证难、维权成本高等问题。数字作品具有易复制、易传播的特点，侵权行为往往难以被及时发现和取证。即使版权人发现了侵权行为，也需要投入大量时间、金钱和精力进行维权，这对于许多个人创作者和小型企业来说是一笔不小的负担。

法律对侵权行为的制裁力度不足也是导致版权人权益保护不足的重要原因之一，在实际执法过程中，由于缺乏对侵权行为的有效制裁措施，许多侵权者得以逍遥法外，继续从事侵权行为，严重损害了版权人的合法权益。

三、完善数字版权管理法律保障机制的建议

（一）完善法律法规体系

1. 制定专门的数字版权法律法规

现行的法律体系在应对数字时代的版权问题时显得捉襟见肘，无法全面覆盖数字作品创作、传播和使用的全过程。因此，我们需要制定一部专门的数字版权法，明确数字作品的定义、权属、使用方式、侵权行为的认定和处罚措施等，为数字版权管理提供明确的法律指引。这部法律应该充分考虑数字技术的特点和发展趋势，确保法律条款的针对性和前瞻性。同时，还需要建立相应的司法解释和配套措施，使数字版权法

在实际操作中更具可行性和可操作性。通过这样的立法工作，我们可以为数字版权管理提供更加坚实的法律基础，为创作者和版权人提供更加全面和有效的权益保障。

2. 明确数字版权的界定与保护范围

在完善数字版权管理的法律保障机制过程中，明确数字版权的界定与保护范围至关重要。数字版权涉及的是以数字化形式存在的作品，如电子书、网络音乐、视频、软件等，这些作品在创作、传播和使用过程中面临着独特的挑战。因此，我们需要通过专门的法律法规，清晰界定数字版权的范围，包括作品的创作、传播、使用、修改、分发等各个环节。这不仅要明确数字作品的创作者对其作品享有的专有权利，还要保护作品在数字化环境中的合法权益，防止未经授权的复制、分发、展示或修改。法律还应规定数字版权的保护期限和限制条件，以确保版权的合理使用和公众获取信息的自由。通过这样的法律界定，我们可以为数字作品提供全面的法律保护，维护创作者的合法权益，促进数字创意产业的健康发展。

3. 强化对侵权行为的法律制裁

在完善数字版权管理的法律保障机制中，强化对侵权行为的法律制裁是确保法律效力的关键一环。数字版权侵权行为频发，严重损害了版权人的合法权益，破坏了市场竞争秩序。因此，需要通过立法加大对侵权行为的制裁力度，让侵权者付出应有的代价。这包括提高侵权行为的罚款数额，使其足以对侵权者形成经济上的威慑；明确侵权行为的刑事责任，对于严重侵权行为如盗版、非法传播等，应追究侵权者的刑事责任，形成法律的高压线。同时，还应建立健全侵权行为的追责机制，简化维权程序，降低维权成本，确保版权人能够及时、有效地维护自身权益。此外，通过公开曝光侵权行为，提高侵权者的社会成本，形成社会舆论的监督和压力。只有这样，才能有效遏制侵权行为的发生，维护数字版权市场的公平竞争和健康发展。还应加强国际合作，共同打击跨国侵权行为，形成全球范围内的版权保护合力。通过这些措施的实施，我们将为数字版权管理提供强有力的法律保障，为创作者和版权人创造更加良好的创作和营商环境。

（二）加大执法力度与监管力度

1. 提高执法部门的专业能力

加大执法力度与监管力度是完善数字版权管理法律保障机制的重要一环。在这一过程中，提高执法部门的专业能力尤为重要。数字版权问题涉及复杂的法律、技术和市场知识，要求执法部门具备相应的专业能力，以应对不断变化的版权挑战。因此，我们需要加强对执法人员的培训和教育，提高他们的法律素养和技术水平，使他们能够熟练掌握数字版权法律法规，包括既有的法律法规与将要有的专门数字版权法律法规，并且能够准确判断和处理版权纠纷。同时，我们还应建立健全执法部门的协作机制，加强跨部门、跨地区的合作与交流，形成合力打击侵权行为的强大阵势。此外，我们还应鼓励和支持技术创新，为执法部门提供先进的技术手段和工具，帮助他们更好地发现和打击侵权行为。通过这些措施的实施，我们将能够提高执法部门的专业能力，为数字版权管理提供更加有效的法律保障。

2. 建立高效的数字版权监管机制

建立高效的数字版权监管机制对于加强数字版权管理法律保障机制至关重要，这一机制应具备灵活性、实时性和精确性，能够迅速应对数字时代的版权挑战。为实现这一目标，我们需要整合现有的监管资源，形成跨部门、跨地区的协同监管体系。通过信息共享、联合执法等方式，打破信息孤岛，提高监管效率。运用先进的大数据、人工智能等技术手段，对数字作品的创作、传播、使用等全过程进行实时监控和分析，及时发现和预警侵权行为。建立版权保护信息共享平台，促进版权人、平台企业、执法部门等各方之间的沟通与协作，共同构建版权保护的坚固防线。

3. 加大对侵权行为的打击力度

加大对侵权行为的打击力度是完善数字版权管理法律保障机制的核心要求。为了切实保护版权人的合法权益，维护市场秩序，我们必须采取更加果断和有效的措施打击侵权行为。这包括但不限于：加大对侵权行为的行政处罚力度,提高罚款数额,使其对侵权者形成足够的经济压力;对严重侵权行为追究刑事责任,坚决将侵权者绳之以法,彰显法律的威严;简化维权程序,降低维权成本,为版权人提供快速、便捷的维权通道;加强跨部门、跨地区的执法协作,形成打击侵权行为的合力;同时应用技术方法加强对侵权行为的监控和追踪,提高打击的精准性和效率。

(三)促进跨界合作与信息共享

1. 加强政府部门、企业、社会组织等多方合作

在完善数字版权管理的法律保障机制中,促进跨界合作与信息共享至关重要。加强政府部门、企业、社会组织等多方合作是实现这一目标的关键路径。政府部门在立法、执法和监管方面发挥着主导作用,而企业和社会组织则拥有丰富的技术和市场资源。因此,需要建立有效的合作机制,促进各方之间的沟通与协作共同参与数字版权管理工作。充分发挥各方优势,整合资源,形成合力,共同应对数字版权保护中的挑战。例如,政府部门可以制定相关政策,引导企业加强自律,推动社会组织积极参与版权保护工作;企业可以运用先进技术手段,加强版权保护的技术研发和应用;社会组织则可以发挥自身优势,推动各方共同参与版权保护宣传和教育活动。通过这样的合作,我们将能够更好地应对数字版权保护中的复杂问题,提高数字版权管理的整体效能,为数字产业的健康发展提供有力保障。

2. 建立数字版权信息共享平台

建立数字版权信息共享平台是完善数字版权管理法律保障机制、促进跨界合作与信息共享的关键举措。这一平台不仅有助于整合和优化各方资源,还能够促进政府部门、企业、社会组织等多方主体之间的深度合作,共同应对数字版权保护中的各种挑战。

数字版权信息共享平台应具备高效的信息收集、整理、分析和发布功能,能够及时汇集国内外数字版权相关的法律法规、政策文件、案例判决、行业动态等各类信息,为各方提供全面、准确、及时的版权信息服务。通过该平台,政府部门可以及时了解市场动态和版权保护需求,

为政策制定和监管提供有力支持；企业可以获取最新的版权保护技术和市场动态，提升自身版权保护能力；社会组织则可以借此平台开展版权保护宣传和教育活动，增强公众的版权保护意识。

同时，数字版权信息共享平台还应建立完善的信息共享机制，确保各方之间的信息流通畅通无阻。通过制定统一的信息共享标准和协议，明确各方的权益和义务，打破信息壁垒，实现信息的最大化利用。此外，该平台还提供便捷的信息查询和检索功能，方便用户快速获取所需信息，提高信息共享的效率和效果。

在建立数字版权信息共享平台的过程中，我们还应注重保护信息安全和隐私。通过加强平台的安全防护和隐私保护机制，确保用户信息的安全性和隐私性不受侵犯。

3. 推动跨国合作与交流

推动跨国合作与交流在完善数字版权管理的法律保障机制中具有重要意义。随着数字技术的全球化和互联网的普及，数字作品跨国传播和使用已成为常态，版权问题也越发国际化。因此，加强跨国合作与交流、共同打击跨国侵权行为，成为维护数字版权国际秩序、促进数字创意产业健康发展的重要途径。

推动跨国合作与交流需要各国政府、国际组织、企业和社会组织等各方共同努力。各国政府应加强沟通，共同制定和完善国际版权保护规则和标准，为跨国版权合作提供法律基础。国际组织应发挥桥梁和纽带作用，推动各国政府、企业和社会组织之间的对话与合作，共同应对跨国版权挑战。同时，企业和社会组织也应积极参与跨国合作与交流，分享经验和技术，共同推动数字版权保护技术的进步和应用。

在跨国合作与交流中，各方应充分尊重彼此的法律制度和文化差异，寻求共同点和合作空间。通过加强信息共享、技术合作、人才交流等方式，共同提升数字版权保护的整体水平。此外，各方还应共同打击跨国侵权行为，形成国际版权保护的合力。通过加强执法协作、建立联合打击机制等方式，坚决打击跨国侵权行为，维护数字版权国际秩序。

（四）强化版权人权益保护

1. 提供便捷的版权登记与维权途径

强化版权人权益保护是数字版权管理工作的核心目标之一，而提供便捷的版权登记与维权途径则是实现这一目标的关键环节。版权登记作为确认版权权属、维护版权人合法权益的重要手段，应当被简化流程、提高效率，以降低版权人的登记成本和时间成本。同时，建立健全的维权机制，为版权人提供快速、有效的维权途径也至关重要。这包括完善侵权投诉处理流程、建立侵权行为快速查处机制、加强维权援助服务等。

为了实现便捷的版权登记，可以应用现代信息技术方法，如建立在线版权登记平台，实现线上提交材料、线上审核、线上发证等一站式服务。这样不仅可以提高登记效率，方便版权人随时随地进行登记操作，而且还能加强版权登记机构的建设和管理，提高登记人员的专业素养和服务意识，为提升版权登记便捷性提供重要保障。

在维权方面，建立多渠道的维权途径，包括行政执法、司法诉讼、仲裁调解、行业自律等，以满足版权人不同层次的维权需求。加大行政执法力度，对侵权行为进行严厉打击；完善司法诉讼程序，降低维权成本，提高维权效率；推动仲裁调解机制的发展，为版权人提供快速、低成本的纠纷解决方式；加强行业自律建设，推动行业内部形成尊重版权、保护版权的良好氛围。

2. 加大对版权人合法权益的保护力度

加大对版权人合法权益的保护力度是确保数字创意产业持续健康发展的核心任务。在数字时代，版权人的作品面临着前所未有的侵权风险，如非法复制、盗版、未经授权的传播等，这些行为严重损害了版权人的合法权益，挫伤了创作积极性。

法律层面应不断完善版权保护制度，明确版权人的权利和义务，为版权人提供更为全面、有力的法律保障。同时，加大对侵权行为的法律制裁力度，提高侵权成本，降低侵权收益，形成对侵权行为的强大威慑力。

建立健全版权人权益保障机制，包括完善版权登记制度、建立版权交易平台、加强版权管理系统的研发和应用等。这些措施能够帮助版权人更好地管理自己的作品，确保作品的安全和合法使用。

通过广泛宣传版权保护的重要性，增强公众的版权保护意识，营造全社会共同维护版权秩序的良好氛围。同时，加强对创作者和版权人的培训和教育，增强他们的版权保护意识和能力，使他们能够更好地维护自己的合法权益。

3. 鼓励版权人积极参与数字版权管理

鼓励版权人积极参与数字版权管理对于完善数字版权管理法律保障机制至关重要。版权人是数字版权保护的核心力量，他们的积极参与和投入是确保数字版权得到有效管理的基础。为此，我们需要采取一系列措施来鼓励版权人更加积极地参与到数字版权管理中来。

要为版权人提供便捷、高效的版权管理工具和服务。这包括建立完善的版权登记系统，使版权人能够方便快捷地登记自己的作品；开发智能版权监测技术，帮助版权人及时发现和追踪侵权行为；建立版权交易平台，为版权人提供安全、透明的交易环境。这些措施将大大减轻版权人的管理负担，提高他们参与数字版权管理的积极性。

通过广泛宣传版权保护的重要性，增强版权人的维权意识和能力；同时，加大对侵权行为的打击力度，形成对侵权行为的强大威慑力。这将有助于激发版权人参与数字版权管理的热情，增强他们维护自身权益的信心。

建立合理的版权收益分配机制，确保版权人能够从自己的作品中获得应有的经济回报；同时，设立版权奖励制度，对在数字版权管理中做出突出贡献的版权人给予表彰和奖励。这将进一步激发版权人参与数字版权管理的动力，推动数字版权管理工作的深入开展。

建立健全的版权人参与机制，为版权人提供多种参与渠道和方式。通过建立版权人自治组织、邀请版权人参与政策制定和决策过程、开展版权人培训和教育活动等方式，让版权人更加深入地参与到数字版权管理中来。这将有助于增强版权人的归属感和责任感，形成数字版权管理的强大合力。

参考文献
REFERENCE

[1]李瑞.数字经济建设与发展研究[M].北京:中国原子能出版传媒有限公司,2022.

[2]龚勇.数字经济发展与企业变革[M].北京:中国商业出版社,2020.

[3]刘刚.中国数字经济发展机制研究[M].北京:中国商务出版社,2023.

[4]刁生富,冯利茹.重塑 大数据与数字经济[M].北京:北京邮电大学出版社,2020.

[5]张晓晶,杨涛.读懂中国经济:加快构建新发展格局[M].北京:人民日报出版社,2021.

[6]杨燕青,葛劲峰,马绍之.数字经济及其治理[M].北京:中国对外翻译出版公司,2023.

[7]钱志新.全新数字经济[M].北京:企业管理出版社,2022.

[8]申雅琛.数字经济理论与实践[M].长春:吉林人民出版社,2022.

[9]马骏,袁东明,马源.数字经济制度创新[M].北京:中国发展出版社,2022.

[10]黄奇帆,朱岩,邵平.数字经济:内涵与路径[M].北京:中信出版集团,2022.

[11]杜庆昊.数字经济协同治理[M].长沙:湖南人民出版社,2020.

[12]周之文,周克足.数字经济:国家战略行动路线图[M].北京:中国经济出版社,2023.

[13]李柳作.数字经济理论与实践创新研究[M].北京：中国商业出版社，2022.

[14]杜国臣，李凯.中国数字经济与数字化转型发展[M].北京：中国商务出版社，2021.

[15]胡拥军，单志广.数字引领未来：数字经济重点问题与发展路径研究[M].北京：中国计划出版社，2023.

[16]王世渝.数字经济驱动的全球化[M].北京：中国民主法制出版社，2020.

[17]陈琼.数字新经济 数字经济时代的机遇与挑战[M].北京：中国商业出版社，2022.

[18]胡江华.数字经济：基于特色产业生态创新[M].北京：光明日报出版社，2021.

[19]颜阳，王斌，邹均，等.区块链+赋能数字经济[M].北京：机械工业出版社，2018.

[20]闫德利.数字经济：开启数字化转型之路[M].北京：中国发展出版社，2019.

[21]袁国宝.新基建：数字经济重构经济增长新格局[M].北京：中国经济出版社，2020.